L'ALGÉRIE FRANÇAISE

INDIGÈNES ET IMMIGRANTS

5344 — PARIS, IMPRIMERIE JOUAUST ET FILS,
RUE SAINT-HONORÉ, 338.

L'ALGÉRIE FRANÇAISE

INDIGÈNES ET IMMIGRANTS

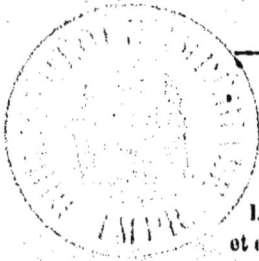

La conquête de l'Algérie a posé la question du gouvernement et de la civilisation des indigènes. Ceux qui n'y voient qu'une question de colonisation européenne regardent par le gros bout de la lunette.

PARIS

CHEZ CHALLAMEL AÎNÉ, LIBRAIRE-ÉDITEUR

COMMISSIONNAIRE POUR L'ALGÉRIE, LES COLONIES ET L'ORIENT

30, RUE DES BOULANGERS S.--VICTOR

1862

AVANT-PROPOS

―――――

Le travail qu'on va lire est un effort pour découvrir les voies nouvelles de l'Algérie. Si, en cherchant à dégager la vérité des ténèbres du passé et des hésitations du présent, nous avons touché aux hommes et à leurs œuvres, on nous ferait injure en attribuant nos critiques à un esprit de dénigrement.

Personne ne rend justice avec plus de chaleur que nous à l'intelligence, au dévouement et au courage des colons qui, sur l'appel de l'administration, dans les conditions les plus défavorables, ont mis résolument la main à la charrue. Leur nombre est petit, les résultats obtenus n'ont pas de signification générale; mais ils n'en ont pas moins risqué leurs ressources et exposé leur vie, en croyant obéir à la voix de la France.

Quant aux fonctionnaires civils, nous ne faisons aucune difficulté d'avouer que, s'ils ne se sont pas élevés à la hauteur des officiers administrant les indigènes, la responsabilité en doit peser sur les institutions plus que sur les personnes. Sur un théâtre plus important, sous une direction plus habile, avec une organisation mieux étudiée, nul doute que ces fonctionnaires n'eussent rendu des services également signalés.

L'ALGÉRIE FRANÇAISE

INDIGÈNES ET IMMIGRANTS

I

L'Algérie est, à double titre, une terre française. Le fait même de la conquête l'a d'abord rattachée aux possessions de la France. Cette annexion a été ensuite affirmée par le souverain, en présence des grands corps de l'État et dans les actes les plus solennels de notre droit politique.

La nationalité de la terre d'Algérie a été proclamée, pour la première fois, dans le discours du trône, à l'ouverture d'une session législative (1). C'était une protestation con-

---

(1) *Discours du roi à l'ouverture des Chambres*, le 27 décembre 1841.

« J'ai pris des mesures pour qu'aucune complication extérieure ne vînt altérer la sécurité de nos possessions d'Afrique. Nos braves

tre la pensée d'un abandon, que semblaient nous demander les réserves et le mauvais vouloir d'une puissance ri-
vale; c'était aussi une satisfaction donnée à l'opinion publique à l'encontre des projets d'occupation restreinte. La
France revendiquait l'ancienne Régence comme une conquête définitive et sans esprit de retour. Après la prise de
possession matérielle, nous déclarions notre droit devant
les peuples étrangers. Ce n'était pas assez; il fallait à l'Algérie, aux yeux de la France elle-même, ses lettres de
grande naturalisation.

La Constitution de 1848, et plus tard celle de 1852, lui
donnèrent son certificat d'origine. L'Algérie cessait d'être
une conquête; elle était annexée au territoire national.
L'inscription de son nom dans nos chartes politiques lui
créa des droits et des devoirs vis-à-vis de la France. Le
sol nous était encore disputé les armes à la main; mais
ces déclarations transformaient le caractère de la résistance
que nous rencontrions. Nous ne combattions plus des en-

soldats poursuivent sur cette terre, *désormais et pour toujours française*, le cours de ces nobles travaux auxquels je suis heureux
que mes fils aient eu l'honneur de s'associer. Notre persévérance
achèvera l'œuvre du courage de notre armée, et la France por-
tera dans l'Algérie sa civilisation à la suite de sa gloire. »

(MONITEUR UNIVERSEL du 28 décembre 1841.)

*Article 109 de la Constitution de la République française,
promulguée le 4 novembre 1848.*

« Le territoire de l'Algérie et des colonies est déclaré territoire
français, et sera régi par des lois particulières jusqu'à ce qu'une
loi spéciale les place sous le régime de la présente Constitution. »

Article 27 de la Constitution du 14 janvier 1852.

« Le Sénat règle par un sénatus-consulte :
« 1° La Constitution de l'Algérie et des colonies;
« 2° . . . . »

nemis, nous domptions des sujets rebelles ; il ne s'agissait plus de conquête, mais de pacification.

II

Si l'Algérie est une terre française, quel sera le statut personnel des habitants installés sur son territoire et qui ont accepté notre domination, après que nous nous sommes engagés à respecter leur religion, leurs mœurs et leurs propriétés?

Jusqu'au moment où le pays a été annexé à la France, on pouvait considérer les indigènes comme des vaincus, auxquels on accordait généreusement le maintien des formes extérieures de leur organisation sociale. Mais, la terre étant devenue française, la situation se trouve radicalement modifiée, car notre droit politique ne peut admettre sur une partie de l'Empire l'existence d'une population qui ne serait ni nationale, ni étrangère, dont les droits ne seraient pas garantis par notre pacte fondamental, hôtes tolérés par une sorte de transaction tacite, mais séparés de nous aussi bien dans le passé que dans l'avenir. Non, la position des indigènes ne peut pas, ne doit pas être telle. Ils ne sont pas des hôtes n'ayant vis-à-vis de nous que des devoirs; ils ne sont pas des étrangers. Ils ont tous les droits à la qualification de régnicoles. En nous appropriant la terre, nous avons accepté les habitants; nous les avons admis dans notre grande unité politique.

Nous nous efforçons d'éclaircir une situation qu'aucun

document officiel n'a encore définie (1). Nous ne nous dissimulons pas que la qualité de régnicole, reconnue aux indigènes, nous laisse en présence de difficultés et d'incertitudes nombreuses.

En effet, nous n'avons encore envisagé que le côté en quelque sorte extérieur de la question. Nous savons ce que les indigènes sont par rapport aux étrangers; quelle sera leur position à l'égard des citoyens français? Ils ont été, en

---

(1) *Arrêt rendu par la Cour impériale d'Alger le 24 février 1862.*

SUR LA TROISIÈME QUESTION :

« Considérant qu'il est de principe, en droit international, que tout régnicole du pays conquis revêt, par le seul fait de l'annexion, la nationalité du pays au profit duquel l'annexion est faite ;

« Que ce principe, constamment admis par tous les traités passés sous l'ancienne monarchie, et qui faisait partie de son droit public, a reçu une consécration nouvelle des traités intervenus depuis ;

« Qu'il est constant que, de tous les pays qui, depuis le golfe de l'Adriatique jusqu'aux mers du Nord, ont été réunis à la France sous la République et sous le premier Empire, il n'en est aucun dont les régnicoles ne fussent Français au même titre que les Français nés sur le sol de la France ;

« Qu'il en a été ainsi lors du glorieux traité qui vient de rappeler au sein de la grande famille des populations qui, depuis longtemps, en étaient séparées, et de réunir à la France une de ses plus anciennes conquêtes ;

« Considérant toutefois que ce principe, dont l'application est facile quand les populations sont homogènes, n'est point tellement absolu que, tout en admettant la nationalité, des exceptions ne puissent être faites quant à certains des droits qui en découlent ;

« Que les exceptions de cette nature sortent de la force des choses quand, loin d'être homogènes, les deux populations diffèrent profondément par la religion, les mœurs, la constitution du mariage, l'organisation de la famille ;

face des nations étrangères, placés sous la sauvegarde de notre droit international ; que sont-ils à l'égard de notre droit civil intérieur ? Il est évident que, ne pouvant ou ne voulant pas accepter toutes les charges de notre état social, ils ne doivent pas en recueillir tous les avantages. Autant par une sage circonspection de notre part qu'à cause de leur répugnance particulière, ils ne peuvent participer à l'égalité civile et politique réglée par nos lois. Notre droit est

« Que ces exceptions se retrouvent dans les capitulations d'Alger et de Constantine, que les actes de la haute administration du pays, comme la jurisprudence de la Cour, ont constamment reconnues applicables à toutes les parties du territoire de la colonie ;

« Considérant qu'en stipulant, pour les diverses fractions de la population indigène, le maintien de leur religion, de leurs propriétés, de leur commerce, de leur industrie, les hautes parties contractantes ont, par cela même, entendu que, tout en devenant Français, les différents membres de cette population ne seraient point admis à la jouissance des droits que confère la qualité de citoyen français ;

« Qu'un grand nombre, en effet, des droits que confère le statut personnel du musulman, ou de l'indigène israélite, ne sauraient se concilier avec les devoirs imposés aux citoyens français, dont il ne saurait secouer le joug sans contrevenir aux principes de l'ordre public et même aux lois pénales, sous la double protection desquels vit la nation française ;

« Qu'il s'agit là du grand principe d'égalité devant la loi, que la révolution de 1789 a inscrit en tête de nos institutions, et auquel, en aucune circonstance, il ne peut être porté atteinte ;

« Que si, dans toutes les parties du monde où il a eu à porter successivement ses pas, il a suffi à l'indigène musulman ou israélite d'invoquer la qualité de Français pour être, à l'instant même, protégé par le drapeau de la France, il n'a, néanmoins, sauf l'avénement à une vie nouvelle par la naturalisation, jamais été admis à la jouissance des droits de citoyen français ;

« Considérant que de ce qui précède il résulte que, tout en n'étant pas citoyen français, l'indigène musulman ou israélite est Français ; etc. »

(Affaire Enos, israélite algérien, contre le conseil de l'Ordre des avocats, qui avait refusé d'admettre son inscription au tableau de l'Ordre.)

absolu ; on ne saurait en réclamer le bénéfice si l'on veut se retrancher dans certaines exceptions privilégiées.

Tant que les indigènes n'auront pas opéré une séparation radicale entre le spirituel et le temporel, tant que leur culte et leurs dogmes religieux seront en contradiction avec nos Codes, ils ne pourront être investis du titre de citoyens français. Il faut que le Koran devienne pour eux un livre purement religieux, sans action sur la législation civile. Ce progrès n'est pas impossible. D'autres peuples sont sortis de l'organisation théocratique et se sont rangés sous un gouvernement séculier, sans abdiquer leurs croyances (1).

Sous la réserve de ces observations, essayons de préciser la situation des indigènes. Ils sont régnicoles, avons-nous dit. A ce titre, ils ont droit à notre protection diplomatique lorsqu'ils voyagent hors de nos frontières. Ils ne sont

---

(1) « Rien dans le Coran ne s'oppose formellement aux investigations scientifiques, ni au libre développement de l'intelligence. Les livres canoniques chrétiens n'ont aucun avantage sur lui, et on connaît l'abus qui en fut fait à diverses époques. La brutale réponse d'Omar, fort contestable d'ailleurs, s'efface devant la fondation de milliers de bibliothèques créées par les Arabes au temps de leur puissance.

« Les transgressions particulières à la loi religieuse ne sont que de la licence, et ne sauraient constituer un principe de progrès. Le musulman qui viole le jeûne et boit du vin n'est pas plus près de la civilisation qu'un autre. Une nation ne progresse pas par de petits actes de révolte individuelle contre ses usages et ses croyances, actes qui sont presque toujours le résultat de passions mauvaises, et que très-souvent le repentir fait tourner, un peu plus tard, au profit de la superstition.

« Le despotisme et l'anarchie marchaient déjà de pair avant le Coran. Chez tous les peuples orientaux, le principe d'immobilité existait avant lui dans les sociétés orientales.

« Au résumé, à l'exception de la Trinité, que le Coran repousse en

plus les sujets de la Porte ottomane ; ils n'ont pas devant le droit public européen une autonomie propre. Nul ne peut s'interposer entre la France et eux ; ils n'ont rien à attendre du dehors ; la vie politique, le développement et l'avenir social leur viendront de nous seuls. La scission est nette avec leur passé, elle est irrévocable.

Si nous interrogeons leur position vis-à-vis de notre droit intérieur, ils nous apparaissent comme des clients, comme des sujets politiques, et non des sujets civils (si une pareille distinction est possible), comme des affranchis de la nationalité étrangère, auxquels un stage est imposé avant de devenir participants à la souveraineté française. Ils ont leur domicile parmi nous, mais les délais ne sont pas expirés pour qu'ils reçoivent la grande naturalisation.

Ils ne sont ni *dimmi* ni *raya*, dans l'acception de la conquête musulmane (1), ni *vassaux* ni *serfs*, comme dans la

---

termes formels, les musulmans et les chrétiens ont sur Dieu les mêmes idées. La doctrine de l'amour divin est également la même dans les deux religions.

« L'islamisme exalte l'excellence de Marie, mère de Jésus, autant que le christianisme lui-même. Le Coran dit qu'elle conserva sa virginité intacte et qu'elle naquit purifiée. Beaucoup de commentateurs ont cru voir dans ce passage la proclamation formelle de l'immaculée conception, qui est un dogme tout récent du catholicisme.

« Il est certain que Mohammed est un des hommes les plus extraordinaires qui aient paru.

« Les dogmes du Coran sont simples et inattaquables, à moins qu'on ne pousse l'incrédulité jusqu'à l'athéisme. Les chrétiens peuvent trouver qu'il n'en dit pas assez, mais non que ce qu'il dit est faux. »

(*De l'islamisme et de son action sur les mœurs des peuples qui le professent*, Mémoire par PELLISSIER DE REYNAUD.)

(1) « De tous les peuples conquérants, les Arabes furent, sans contredit, le moins exigeant comme le moins cruel. Ils imitèrent

conquête barbare, ni *esclaves*, comme dans la conquête antique. Dans les sociétés modernes, a-t-on dit, les conquêtes n'ont d'autre effet que de changer les conditions politiques des gouvernements, sans toucher aux intérêts privés. Notre domination n'affecte en rien ni les biens des indigènes, ni leur liberté individuelle, ni leur liberté de conscience ; chacun d'eux est libre de vendre ses biens et de quitter l'Algérie. Mais si l'on considère la collectivité, l'agrégation sociale, le même droit n'existe plus : ils ne peuvent ni émigrer en masse, ni opérer de grands déplacements ; ils appartiennent à la terre française. La sujétion de l'ensemble des indigènes à la France est réelle ; mais ce droit attribué à l'État ne doit produire aucune conséquence dans les relations des Français avec les individus indigènes.

Qu'on ne nous reproche pas de nous appesantir sur ces distinctions, qui paraîtront peut-être subtiles à quelques lecteurs. Il faut déterminer aussi clairement que possible les droits et les devoirs réciproques des vainqueurs et des vaincus. La situation semble obscure parce qu'on se laisse entraîner à l'examiner avec les idées et les sentiments du passé. On subit, sans s'en douter, les préjugés d'un autre temps, parce que les intérêts aiment mieux invoquer les vieilles opinions que de se soumettre au jugement de la

la tolérance religieuse et civile des Romains de l'Empire, sans avoir imité les excès militaires des Romains de la République. Toute leur histoire rend témoignage de cette grande modération.»
(*Histoire des Arabes et des Maures d'Espagne*, par VIARDOT. Tome II, p. 19.)

« La conquête de l'Espagne par les Arabes, bien différente de celle par les peuples du Nord, se fit sans ravages, sans effusion de sang, comme une simple prise de possession. »
(Même ouvrage. Tome II, p. 31.)

conscience éclairée par le progrès. La suite de ce travail montrera, hélas ! que les intérêts souvent les moins respectables ont étouffé les plus nobles sentiments et voilé la justice. Tandis qu'on déclarait l'Algérie terre française, et qu'on réclamait pour les immigrants les institutions de la mère patrie, on oubliait l'esprit et les traditions de la France dans le règlement du sort des indigènes.

III

Pour que la qualité de régnicoles, que nous avons attribuée aux indigènes, ait une signification pratique et positive, nous sommes obligés de distinguer nettement, en ce qui concerne la France, l'État de l'individu. De même que nous avons reconnu, pour les indigènes, un droit de liberté individuelle qui ne répondait pas, pour l'ensemble, à un droit collectif en général, de même nous séparerons, en Algérie, l'intérêt de la nation française de l'intérêt de l'individu français. Ces réserves seront bientôt justifiées. Nous avons constaté que les indigènes n'étaient, au point de vue du droit civil, que des clients et des affranchis de la France. Ces restrictions ne les placent pas cependant dans une position de subalternité, ni d'infériorité, par rapport aux Français qui habitent l'Algérie. Ce serait ressusciter le régime des castes, incompatible avec notre constitution politique et notre état social. Nous ne pouvons pas plus subir l'inégalité que l'imposer.

L'indigène est l'égal, comme régnicole, du Français venu du continent européen, en ce sens qu'il a droit, de la part de l'État, à la même protection pour sa liberté, pour sa propriété et pour son culte. L'inégalité qui existe , —puisque l'un est citoyen et que l'autre ne l'est pas , — est une inégalité abstraite, en quelque sorte circonstancielle, dont aucune individualité ne peut se prévaloir pour faire sentir à l'indigène, au profit d'un intérêt personnel, cet état d'infériorité. L'indigène algérien et l'immigrant français sont tous deux, à des titres et à des degrés différents, sujets de la France, sans que la suprématie de l'État à l'égard des indigènes puisse être invoquée par les autres sujets français comme une sorte de droit d'aînesse. A certains points de vue, cette inégalité rappellerait celle que la loi reconnaît, en fait, entre les sexes, sans l'avoir nulle part formellement exprimée ni consacrée. L'incapacité qui frappe temporairement l'indigène ne doit pas être tournée contre lui et exploitée par d'autres régnicoles émancipés, parce qu'on perpétuerait ainsi des distinctions que l'État s'efforce de faire cesser.

En d'autres termes, il n'existe sur le sol algérien qu'un intérêt prédominant, celui de la France. C'est elle qui exerce la tutelle envers les indigènes, et qui seule peut leur demander ou leur imposer, au besoin, des sacrifices. Quant aux intérêts privés des immigrants, ils ne doivent jouir d'aucun privilége à l'endroit des indigènes. L'État n'a pas deux buts en Algérie : l'un européen ou chrétien, l'autre indigène ; il n'a qu'un but : la prospérité du pays par la civilisation des indigènes.

D'après la belle pensée exprimée par l'Empereur dans le discours prononcé à Alger le 19 septembre 1860, la conquête ne signifie plus pour nous l'appropriation violente du sol pour être distribué aux envahisseurs. C'est une rédemption du vaincu, c'est-à-dire une sorte d'expropriation, pour cause d'utilité humanitaire, d'une souveraineté tombée en des mains indignes. Cette expropriation s'exerce aussi bien au profit du peuple conquis, qu'on rachète par la civilisation, qu'à l'avantage du vainqueur, qui, par les progrès mêmes qu'il fait accomplir, augmente sa gloire et sa puissance. Guillaume le Bâtard, en descendant en Angleterre avec ses Normands, ne se proposait rien de semblable. Les moyens à employer par nous vis-à-vis des indigènes ne sauraient ressembler, non plus, à ceux mis en pratique à l'égard des Saxons.

Si ces considérations sont justes, elles nous conduisent à conclure qu'au point de vue français l'intérêt individuel indigène mérite la même sollicitude que l'intérêt individuel du métropolitain ; mais l'intérêt collectif des indigènes régnicoles prime l'intérêt individuel du métropolitain. Enfin, l'indigène a un droit plus direct à notre attention que l'immigrant étranger, qui n'appartient ni à notre nationalité ni à notre famille civile. En dernière analyse, l'État apprécie chacun d'après l'utilité du concours apporté à l'œuvre qu'il poursuit au nom de tous, et il doit donner à chacun selon son droit. Est-ce ce qui a été fait jusqu'ici en Algérie ? Nous n'hésitons pas à répondre négativement. On a semblé marcher au hasard, sans se préoccuper des questions de nationalité, et l'on s'est posé vis-à-vis des indigènes et des étrangers, non comme les mandataires d'un intérêt français, mais comme les protecteurs d'un système de colonisation, qui aimait mieux voir l'Algérie aux mains des étrangers que la laisser aux indigènes. On n'y a que trop réussi, puisque le chiffre de la population étrangère est de **89,000** âmes environ, et celui de la population française de 112,229 âmes seulement (1).

IV

Nous avons cherché à reconnaître le statut personnel des indigènes vis-à-vis de l'étranger, vis-à-vis des immigrants venus en Algérie, et vis-à-vis de l'État français. Les développements dans lesquels nous sommes entré ont indiqué, en même temps, la mission et le rôle de la France à l'égard de la population rangée sous sa domination. Les indigènes algériens sont des régnicoles à préparer par la civilisation, pour qu'ils deviennent des citoyens français.

Cette mission constitue un devoir, elle impose des charges. La France n'a-t-elle pas aussi des droits à faire valoir? Oui, certes. Il nous reste à caractériser cet intérêt national, que nous ne confondrons plus avec les intérêts

(1) *Population des territoires civils et des centres de colonisation européenne des territoires militaires.*

Alger.	197,048	
Oran.	109,464	592,745
Constantine . . .	286,233	
Français.	112,229	
Étrangers	80,517	
Israélites	28,097	592,745
Musulmans. . . .	358,760	
Berranis et prisonniers arabes.	13,142	

La portion afférente au territoire militaire est de 20,217, dont 8,783 Européens.

De 1856 à 1861, la population européenne a augmenté de 33,494.

(*Moniteur de l'Algérie* du 10 février 1862.)

individuels, de quelque nom qu'ils se décorent, de quelque rivage qu'ils viennent.

L'établissement solide et incontesté de notre domination politique est le premier intérêt. Cette domination doit se manifester, autant que possible, de la même manière que dans la mère patrie. Pas d'autonomie déguisée, pas de concessions prématurées à l'esprit d'indépendance municipale; obéissance entière à la souveraineté française; mainmise sur tous les éléments constitutifs de la société, à savoir : instruction publique, police supérieure du culte, administration de la justice, haute direction du travail général. C'est la condition nécessaire du progrès dont nous sommes les initiateurs. Nous pourrons ainsi défendre les indigènes contre eux-mêmes et contre l'exploitation étrangère. Il faut, en outre, qu'ils payent l'impôt et qu'ils contribuent à augmenter les ressources et les forces de la patrie. Déjà ils concourent aux charges publiques; ils nous prêtent, dans une certaine mesure, une aide importante pour la tranquillité et la défense du territoire. Ce n'est pas assez. L'impôt du sang demande à être régularisé et accru progressivement, dans une proportion qui ne compromette pas notre prépondérance militaire (1).

---

(1) Les contributions arabes perçues annuellement au compte du Trésor s'élèvent à environ 15 millions, dont la moitié est abandonnée, comme subvention, aux trois budgets provinciaux.

Le contingent militaire fourni par les indigènes, réparti dans trois régiments de tirailleurs algériens et trois régiments de spahis, est évalué à 10,000 hommes. Ces corps se recrutent par des engagements volontaires.

En cas de trouble, l'autorité militaire demande aux tribus le concours des *goums*, sorte de garde nationale mobilisée.

Les Kabyles et les gens du Sud fournissent des fantassins pour ce service extraordinaire.

La question de l'accroissement de la richesse nationale par les indigènes a donné lieu à de nombreuses discussions et à de vives controverses. On n'est d'accord ni sur le rôle à leur assigner dans la fertilisation de l'Algérie, ni sur l'utilité de leur concours. Ce point mérite d'être examiné.

En débarquant sur la plage algérienne, nous nous annonçâmes comme des libérateurs qui venaient renverser le gouvernement tyrannique des Turcs (1). Nous ne tardâmes pas à nous apercevoir que, si les indigènes avaient laissé déposséder leurs oppresseurs, ils n'étaient cependant pas disposés à accepter notre autorité. Nous avions cru entreprendre une guerre politique ; la chute de la domination turque, loin de terminer la lutte, devint le signal d'une résistance acharnée. La population indigène se leva contre nous pour défendre son indépendance, sa religion et ses mœurs. Nous eûmes à combattre, pour la prise de possession du sol, le fanatisme ardent d'une guerre nationale, d'une guerre sainte. Cette hostilité implacable et

(1) Nous lisons dans la proclamation en arabe adressée aux habitants d'Alger et des tribus par le général de Bourmont, en juin 1830 :

« Quant à vous, tribus de l'Algérie, sachez bien et soyez pleinement convaincues que je ne viens pas pour vous faire la guerre.

« Je vous donne la certitude qu'il n'est personne parmi nous qui désire vous nuire dans vos biens ni dans vos familles.

« Je vous garantis également et vous fais la promesse formelle, solennelle, inaltérable, que vos mosquées grandes et petites ne cesseront d'être fréquentées comme elles le sont maintenant, et plus encore, et que personne n'apportera d'empêchement aux choses de votre religion et de votre culte.

« Notre présence chez vous n'est pas pour vous combattre ; notre but est seulement de faire la guerre à votre pacha, qui le premier a manifesté contre nous des sentiments d'hostilité et de haine. »

(Extrait de la *Revue africaine*, mars 1862, n° 32, p. 181.)

aveugle de la part des indigènes nous embarrassa d'autant plus, qu'elle nous surprenait en pleine crise, au milieu d'un changement de dynastie, toute l'Europe troublée et frémissante. Soit impuissance, soit lassitude, l'opinion publique, de complicité avec le gouvernement d'alors, sembla limiter volontairement la conquête à l'occupation des principaux ports du littoral et d'une zone de terre peu étendue autour de ces villes. On espérait que les indigènes, affranchis du despotisme turc, se constitueraient sous un chef unique, qu'ils reconnaîtraient notre suzeraineté, payeraient une redevance annuelle, et entretiendraient avec nous, à l'exclusion des étrangers, de fructueuses relations commerciales.

Dans cet ordre d'idées, il est naturel qu'on ait rêvé la colonisation, par des Français ou par des Européens, des zones de terre qu'on se réservait. C'était pour nous un intérêt capital de nous organiser vigoureusement dans nos possessions, en nous appuyant sur les éléments les plus semblables à nous. La situation commandait d'appeler d'urgence des immigrants, de les grouper dans des centres de population rapprochés les uns des autres, et de tenter de fonder une colonie commerciale et agricole (1). L'intérêt national était alors la rapide implantation de colons

---

(1) « Les deux premiers villages européens furent construits à Kouba et à Dely-Ibrahim, sous l'administration de M. Genty de Bussy, dans le courant de l'année 1832.

« Environ 500 émigrés allemands et suisses, arrivés au Havre afin de s'y embarquer pour l'Amérique, se rendirent à Alger. Ils tombèrent à la charge de l'administration, qui fut obligée de les loger et de les nourrir. Une centaine, malgré ces secours, moururent de misère et de nostalgie. Le martyrologe de la colonisation date de loin. »

(PELLISSIER DE REYNAUD, *Annales algériennes.*)

de notre race. Les indigènes étaient des ennemis avec lesquels on comptait pouvoir, un jour, vivre en paix, mais contre lesquels il fallait d'abord se défendre.

Avec le temps les choses changèrent de face. Les événements se chargèrent de prouver que, pour être durable, l'occupation militaire devait embrasser l'Algérie tout entière, et que le rêve d'une nationalité arabe, vassale ou amie de la France, était irréalisable. La guerre fut donc poussée avec énergie et constance. Du rivage nous nous avançâmes sur la ligne médiane marquée par les villes de Constantine, Sétif, Médéah, Miliana, Orléansville, Mascara et Tlemcen. Ce n'était qu'une étape. Un nouvel effort nous conduisit à la limite du Tell, en face des régions sablonneuses où commence le désert: Biskara, Bouçaada, Boghar, Tenied-el-Had, Tiaret, Daya, Sebdou, dessinèrent cette nouvelle ligne. Nous nous élançâmes, bientôt après, dans les contrées brûlées par le soleil, et nous établîmes nos troupes sur des points où les Romains avaient à peine passé sans s'arrêter : à Tuggurt, à Laghouat, à Géryville. Après une lutte non moins glorieuse pour les indigènes, qui se battaient pour conserver leur indépendance, que pour notre armée, domptant des ennemis dont elle devait faire des sujets de la France, sans les ruiner ni les désespérer, toutes les tribus de l'Algérie firent leur soumission et acceptèrent notre domination.

Du jour où notre drapeau a flotté vainqueur dans toutes les parties de l'ancienne Régence, il ne pouvait plus être question de fonder une colonie. L'Empire français avait gagné une immense province, vaste comme un royaume, peuplée de trois millions d'âmes. La colonisation devenait un problème insoluble si on lui assignait ce cadre illimité, tandis que le gouvernement de la population indigène se

montrait, au contraire, comme étant la tâche la plus pres-
sée. L'honneur et l'intérêt de la France commandaient, non
plus de détruire, de refouler ou de déposséder les indigènes, mais de les bien administrer et de les rattacher à
nous par la civilisation. On avait pu projeter l'introduction
d'une population européenne dans les limites étroites de
de l'occupation restreinte, où les indigènes étaient en très-
petit nombre ; il eût été chimérique de vouloir doubler la
population de l'Algérie par des immigrants. Tout, d'ailleurs,
devait démontrer bientôt qu'il était également impossible
d'établir sur les 14 millions de terres cultivables que con-
tient l'Algérie une population européenne de 3 millions
d'âmes.

On ne paraît pas, en Algérie surtout, s'être rendu
compte de cette modification radicale des données du
problème. On parle encore de la colonisation comme au
temps de l'occupation restreinte. On perd de vue que ce
qui était alors un intérêt national n'intéresse plus aujour-
d'hui que quelques individus. La seule conséquence qu'on
ait voulu tirer de l'extension de nos possessions, c'est
l'augmentation de la dotation en terres à attribuer aux
colons européens. Les indigènes sont regardés comme des
vaincus qui doivent faire place à des immigrants ; pour
rogner avec moins de scrupule les espaces qu'ils cultivent,
on les déclare réfractaires à la civilisation et ennemis à
toujours du nom français.

L'opinion publique, en France, ne s'est pas émue devant
ces questions, qu'elle ne connaît pas et qu'elle n'a pas
encore voulu examiner à fond. On a laissé l'action de la
France, en Algérie, se bifurquer et marcher dans deux
directions différentes : d'une part, l'autorité militaire s'est
dévouée au gouvernement et à la civilisation des indi-

gènes; de l'autre, l'autorité civile, parquée au milieu d'un petit nombre d'administrés européens, sur quelques points isolés, a continué à prendre l'intérêt de quelques colons pour l'intérêt français, devant lequel tout doit plier.

Recherchons donc comment se manifeste, de la manière la plus simple et la plus claire, l'intérêt de la France en Algérie. Réduite à ces termes, la question ne sera pas difficile à résoudre. Il est certain que, pour l'État, la véritable population de l'Algérie est celle qui occupe le sol, qui est acclimatée, qui travaille, produit, paye l'impôt et s'arme pour suivre nos drapeaux. On lâcherait la proie pour l'ombre si l'on cherchait à substituer à des hommes si bien appropriés au pays des immigrants raccolés à grands frais dans les diverses nationalités européennes, qui s'acclimateraient difficilement, qui auraient une longue expérience à faire pour connaître la terre qu'ils seraient appelés à féconder. Les indigènes sont des contribuables dont les charges allégent les sacrifices de la mère patrie; et l'on voudrait les remplacer par une population qui a besoin d'appliquer à ses besoins spéciaux toutes les contributions qu'elle s'impose, plus une grande partie de celles payées par les indigènes! Ajoutons que le succès de l'immigration est encore fort incertain.

V

On répond : « Nous admettons que la principale mission de l'État soit le gouvernement et la civilisation des indigènes; mais il ne sera donné satisfaction à l'intérêt français que par la colonisation européenne, qui dominera

l'élément indigène, l'empêchera de nuire, en attendant
qu'il soit absorbé et assimilé. Que peut-on espérer de la
paresse turbulente et des procédés agricoles barbares des
indigènes pour développer la prospérité du pays? L'exemple, la pression résultant des contacts multipliés, sont les
moyens les plus efficaces pour les faire entrer promptement
dans notre famille civile. »

Ce raisonnement n'est que spécieux; il pourrait entraîner de funestes erreurs de conduite.

En effet, on redoute les haines irréconciliables des indigènes, et on ne trouve rien de mieux, pour les conjurer et
les apaiser, que d'exciter plus vivement encore les griefs
et les ressentiments. L'arrière-pensée de hâter la civilisation est une excuse qui ne peut avoir pour eux une grande
valeur. Ce qu'ils constatent immédiatement, c'est qu'on
leur enlève une partie de leurs moyens d'existence; qu'on
les resserre sur le sol; qu'on les gêne dans leurs habitudes
de culture pastorale; qu'on les déclare barbares, igno-
rants, perdus de vices, et que, sous prétexte de civilisation,
on voudrait les chasser hors de leurs coutumes, de leurs
lois, de leurs croyances. Moins de bons sentiments, et des
procédés plus bienveillants, feraient mieux leur affaire. Que
dire de notre sagesse? Nous voulons féconder la terre, lui
faire rendre tous ses trésors, et nous n'avons pas de meilleur expédient à recommander que de changer, à la fois,
l'ouvrier, l'instrument de travail, la semence, le mode de
culture, sans nous inquiéter si le sol et le climat seront
pour ou contre ces changements! « Il vaut toujours mieux,
« dit un économiste, quand on veut atteindre sûrement un
« état de choses nouveau, s'écarter le moins possible de
« ce qui existe, et chercher dans la situation présente
« tout ce qu'elle peut offrir de moins défavorable, avec

« l'introduction d'éléments modificateurs, pour se rappro-
« cher d'une situation meilleure. »

Un autre inconvénient de la colonisation européenne,
telle qu'elle est pratiquée, c'est de méconnaître les principes de notre organisation politique, et d'attribuer, bon
gré mal gré, à l'État, le rôle de colonisateur. On est
amené à demander au gouvernement de protéger par une
action directe les entreprises individuelles; on réclame des
terres comme si elles étaient un patrimoine légal; on sollicite des travaux souvent très-coûteux, des institutions
compliquées, comme si chaque citoyen n'était pas solidaire
du juste emploi du budget. On voudrait enfin, — et on le
confesse naïvement, — que l'État se chargeât de faire la
fortune des colons qui viennent tenter le sort en Algérie.
En se plaçant à ce point de vue, les intérêts indigènes
prennent naturellement le second rang; la France pour-
suivant un but matériel, il n'est plus question de la partie
morale de sa mission. Incessamment sollicité par les exigences de la colonisation, l'État perd son temps et ses
forces dans une œuvre stérile. Ouvrez le budget : les cré-
dits sont destinés, en grande majorité, aux besoins matériels de toutes sortes ; les besoins moraux sont à peine
dotés. Les frais d'administration sont hors de proportion
avec les allocations réservées pour les écoles et pour les
travaux utiles (1).

Nous avons dit que ce qu'on a appelé jusqu'ici la colo-

_____

(1) Voici un extrait du budget préparé pour 1862 :
Administration centrale, personnel et matériel, 603,700 francs ;
Administration générale et provinciale (ceci s'applique surtout
aux 200,000 Européens), 2,508,100 fr. ;
Services indigènes (pour les 2,500,000 âmes), 1,084,500 fr. ;
Services financiers, 2,713,865 fr. ;

nisation de l'Algérie n'avait plus de raison d'être depuis la complète soumission des indigènes à la France et après l'annexion de leur territoire à l'Empire. Il faut aller plus loin, il faut prouver que le sophisme par lequel on préconise la colonisation comme un intérêt primordial présente un double anachronisme politique et économique.

L'explication rationnelle de la colonisation avec des immigrants se trouvait jadis dans l'occupation restreinte et dans la création de comptoirs maritimes sur le littoral, avec une zone agricole de peu d'étendue. Dans ces conditions, comment devait-on faire la colonisation? Reportons-nous, pour répondre, à l'époque où ces questions ont été agitées pour la première fois. La France était alors entièrement sous le joug du système protectionniste. La théorie favorite du gouvernement et de la majorité des industriels était de réserver exclusivement à la production française le marché des colonies. Comme naturelle conséquence, on demandait aux colonies de ne produire que les matières premières qu'on achetait à l'étranger; on refusait même aux colons la faculté de manufacturer leurs produits, afin de ne pas établir une concurrence nuisible aux industriels de la métropole.

Aussi, dès qu'il fut question de la colonisation de l'Algérie, on ferma son marché aux productions étrangères, sans ouvrir cependant le marché de la France continentale aux produits algériens. Le système douanier s'installa pour

Colonisation et topographie, 2,849,150 fr. ;
Justice, culte et instruction publique pour les 2,500,000 musulmans, 372,000 francs ;
Travaux publics, en territoire civil principalement, 6,787,700 fr.
Tous ces chiffres sont significatifs, et l'on peut les commenter aisément.

rançonner le commerce étranger, sans se relâcher de ses rigueurs envers le commerce algérien, qui aurait voulu se diriger sur France (1). On se proposa d'introduire en Algérie et d'y développer les cultures qui manquaient à la métropole, ou les cultures de la métropole qui ne donnaient pas de produits suffisants à la consommation nationale. Quant aux productions similaires, — céréales, laines, huiles, etc., — on les frappa d'un droit d'entrée en France. Le mouvement du commerce d'importation et les tarifs de la douane déterminèrent donc le choix de la direction à imprimer à la colonisation.

Le catalogue des cultures à entreprendre fut bientôt dressé : — le coton, le sucre, la cochenille, le café ; puis, en seconde ligne : la garance, le tabac, les mûriers pour les vers à soie ; on ne proscrivit pas les oliviers, à cause des achats annuels que nos fabricants de savon font au dehors ; les laines arrivèrent aussi sous cette réserve ; enfin, pour l'éventualité des mauvaises récoltes, et sous la garantie de l'échelle mobile, on ne défendit pas la production des céréales. Quant à la vigne, on comprend qu'il n'a pas été possible d'en encourager la culture, en présence des chances aléatoires auxquelles l'exportation des vins est soumise dans la métropole. Il va sans dire aussi que des précautions furent prises pour empêcher que les produits naturels ne fussent manufacturés sur place.

Il n'entre pas dans le plan de ce travail de rechercher les causes de l'insuccès de ce système de colonisation, con-

(1) Voir les ordonnances royales des 11 novembre 1835, 28 février 1837 et 7 décembre 1841, sur les droits de navigation et de douanes en Algérie. Le système a été couronné par l'ordonnance royale du 16 décembre 1843, réglant les droits des importations et des exportations.

damné d'avance par la saine économie politique. Nous avons
vu qu'il eut d'abord contre lui les événements qui, en agran-
dissant le théâtre où il devait être appliqué, en rendirent
l'exécution impossible. Les bras et les capitaux lui manquè-
rent à la fois. La nature du sol, dont on avait beaucoup exagéré les richesses, causa plus d'un déboire (1). Le climat
surtout offrit des obstacles sérieux. Il est triste d'avouer
que des études scientifiques positives sur le climat et la géo-
logie agricole du pays n'ont pas encore été faites. Des mé-
decins et des agronomes assurent que les races européennes
ne peuvent se livrer à un travail continu, sous la température élevée de l'Algérie, sans épuiser rapidement leurs forces (2). D'un autre côté, des géologues affirment que le
caractère général des terrains argileux, marneux ou calcai-

(1) Le renom de fertilité de l'Algérie vit sur le vieux mot latin :
L'Afrique, grenier de Rome. On se garde bien de rechercher si
la province d'Afrique n'était pas située beaucoup plus à l'est, ré-
pondant à la Tunisie, et non à l'Algérie ; si le temps écoulé, les
changements apportés dans les coutumes, dans les mœurs, dans
l'existence politique et sociale de la population, dans la densité
du peuplement, dans l'assiette des centres habités, dans le boise-
ment des montagnes, dans le débit des sources et des cours d'eau,
n'ont pas créé une situation tout autre. Parce que le mot latin
disait *grenier de Rome*, c'est-à-dire pays de céréales, on a voulu
trouver une zone tropicale propre aux cultures des climats chauds.

(2) « L'Européen garde son énergie sous toutes les latitudes, mais
à la condition expresse de ne pas appliquer sous une trop haute
température cette énergie aux travaux manuels qui le condui-
raient infailliblement à sa perte.

« Pendant la saison sèche, en Algérie, non-seulement les Européens, mais les indigènes, travaillent la terre avec *fantaisie*, c'est-
à-dire sans continuité ni permanence. Voilà pourquoi il serait si
désirable de pouvoir consacrer aux rudes travaux d'été de la cam-
pagne des ouvriers d'une autre couleur et d'une autre complexion,
en réservant les blancs pour la direction des travaux. Le travail
de surveillance, quelque pénible qu'il paraisse, donne aux individus qui l'exercent une occupation et une activité favorables à
leur santé.

res, ne comportera pas, de longtemps, un mode d'exploitation plus favorable que la culture pastorale. Les cultures sarclées ne pourront être entreprises que lorsque la culture pastorale aura été perfectionnée. C'est aussi l'avis du savant M. Moll. On avait tenté la colonisation par l'introduction des plantes tropicales, avant de savoir si les conditions agricoles et économiques du pays permettaient d'espérer la réussite. On persévéra dans les mêmes efforts par routine et par préjugé, à travers tous les changements de situation apportés par le temps. On exagérait les résultats partiels obtenus, comme on avait fait pour la fertilité universelle du sol. On passa les échecs sous silence, pour n'avoir pas à reconnaître des erreurs et à renoncer à des illusions (1).

« L'avenir de la colonisation agricole en Algérie est incontestablement lié au développement des cultures industrielles, surtout de ces grandes cultures du coton et de la canne à sucre, qui ont fait, de tout temps, la fortune de nos autres colonies. Ces cultures ne sauraient donner de grands résultats en Algérie qu'à la grande exploitation, puisque cette exploitation est la seule qui offre des garanties suffisantes au capital. Or, dans l'état actuel des choses, quel capitaliste oserait hasarder ses fonds dans des entreprises dont le succès peut être compromis, d'un moment à l'autre, par la mobilité et les exigences exagérées de la main-d'œuvre? »

(Bulletin de la Société d'agriculture d'Alger de l'année 1861, p. 68 et suiv.)

(1) « L'Algérie, telle qu'elle nous est tombée en partage, n'était pas un pays inhabité, mais un pays mal habité, ce qui est très-différent pour toutes choses, surtout pour une colonisation.

« Une terre mal cultivée est une terre à laquelle le possesseur a beaucoup demandé et beaucoup pris sans lui rien rendre. L'Algérie est cette terre-là. Pour être rétablies dans leur abondance et dans leur vigueur rimitives, les richesses naturelles exigent un travail presque aussi considérable et aussi coûteux que celui qui est nécessaire à nos vieilles terres, fatiguées par tant de siècles de culture, et sollicitées par tant de bouches à nourrir. »

(Une réforme administrative en Algérie, par Albert DE BROGLIE, p. 41 et 42.)

En se reportant aux premières années de l'occupation de l'Algérie, le système de colonisation adopté était pourtant logique. Sur un territoire peu étendu il fallait de riches cultures ; avec des droits prohibitifs il fallait des productions sans similaires dans la métropole, ou pour lesquelles nous étions, en partie, tributaires de l'étranger. Ces conditions furent bouleversées par l'extension de la conquête et par l'adoption des principes du libre échange. La vieille colonisation est dévoyée depuis 1847, date de la reddition d'Abd-el-Kader, et depuis 1860, au point de vue économique. Cette dernière révolution était prévue et avait été préparée, plusieurs années auparavant, par l'abolition des droits de douane pour l'importation de certains produits algériens en France. (Loi du 11 janvier 1851.)

Tout le monde comprendra que, dès que les étrangers ne sont plus exclus du marché national, la question se réduit à savoir si l'Algérie pourra produire à bas prix et soutenir la concurrence pour la qualité. Serait-ce pour le coton cultivé par des bras européens que l'on croirait cet espoir fondé ? Après avoir pompeusement annoncé qu'on suppléerait aux provenances des États-Unis, retenues par la guerre, on se limite maintenant modestement au coton longue soie, qui ne serait récolté que sur quelques points privilégiés (1). Même dans ces proportions, le succès est plus que problématique, puisque l'atelier agricole normal, composé des

(1) La guerre civile des États-Unis d'Amérique n'a pas produit la même impression sur tous les colons algériens. Ce sont les théoriciens du journalisme, ou de la place publique, qui ont annoncé au monde que l'Algérie allait combler le déficit signalé dans les approvisionnements de coton. Des colons mieux avisés ont compris que la crise des États-Unis allait donner plus de valeur à la laine, au lin et autres plantes textiles déjà naturalisées en Algérie, et ont tourné leurs efforts de ce côté.

hommes, des femmes et des enfants, n'est organisé nulle part en Algérie (1). Serait-ce pour le sucre? On en est encore à prôner les premiers essais comme une découverte récente. Serait-ce le café, le thé, la vanille, les épices? C'est à peine si les jardins d'acclimatation ont fait des ex-

(1) « La main-d'œuvre comprend le travail des hommes, des femmes et des enfants ; partout où elle n'a pas cette composition, le travail peut être considéré comme mal organisé, onéreux et sans fruit. L'agriculteur qui serait forcé d'employer exclusivement des hommes adultes ne pourrait lutter avec celui qui aurait à sa disposition des femmes et des enfants. Ses produits seraient, par ce fait, grevés d'une charge qui, généralement, en élèverait la valeur au-dessus des prix courants. C'est par des femmes ou des enfants que doivent être conduits les troupeaux de toute nature, quand ils sont peu nombreux ; les femmes à la tête de la basse-cour, de la laiterie, de la fromagerie, etc., feront mieux et à meilleur marché que des hommes ; des enfants feront à très-peu de frais, et en se jouant, une foule de futiles travaux auxquels il serait trop dispendieux d'appliquer des hommes : cueillette des roses, des fleurs de jasmin, des fleurs d'oranger, des feuilles de mûrier, éducation des vers à soie, etc.

« En appliquant ces notions à l'Algérie, on reconnaît combien y est difficile la position des agriculteurs. Leur capital est restreint, et ils ne peuvent emprunter qu'à gros intérêts; — les terres dont ils disposent sont abandonnées depuis des siècles, et tout y est à faire : défrichements, irrigations, remblais, fossés, plantations, etc.; les ouvriers sont rares, et ont, par suite, des prétentions exagérées, bien que leur habileté et leur zèle laissent habituellement beaucoup à désirer; les femmes et les enfants manquent d'une manière absolue; le pays n'est pas organisé, les routes sont mauvaises, les ponts sont rares; tous les objets nécessaires à la vie, tous les instruments aratoires et les ustensiles viennent de France et s'acquièrent à des prix exorbitants; et, enfin, ce qui est plus grave, le débouché intérieur est nul, et c'est au loin, à travers mille chances de pertes et d'avaries, en supportant des frais énormes de transport, que le producteur doit aller chercher un débouché incertain. »

(Session ordinaire de la Chambre consultative d'agriculture de la province de Constantine pour l'année 1857. P. 24 et suiv.)

périences sans conclusion. Les observateurs désintéressés qui habitent l'Algérie n'hésiteront pas à souffler sur ces chimères. Après vingt ans d'efforts, de primes d'encouragement, l'État n'a pas pu faire produire du tabac ayant une valeur commerciale notoire. En 1860, la Régie de France n'ayant pas voulu continuer à acheter, les yeux fermés, les tabacs présentés par les colons, la récolte est restée invendable. On prétend que, débarrassés un peu de la protection de l'État, les cultivateurs de tabac ont amélioré leurs produits, et qu'à l'exposition de Londres, cette année, l'Algérie a eu beaucoup de succès. Puissent les espérances qu'on a conçues se réaliser ! Les Anglais n'ont vu que des échantillons de choix. Quant à la sériciculture, on se débat encore dans les essais. On a planté beaucoup de mûriers qui ont réussi ; mais là aussi manquent les femmes et les enfants pour l'éducation des vers à soie (1).

Qu'on se représente les difficultés de l'acclimatation (2),

---

(1)   *Industrie séricicole.*

« L'administration a payé, jusqu'en 1861, 12 francs par kilogramme de soie filée provenant de cocons algériens. Elle a modifié sa décision, sans diminuer pourtant la prime offerte.

« En 1861, on a constaté 15,253 grammes de graines ayant rapporté 4,206 kilogrammes 870 grammes de cocons, pour lesquels on a payé 25,588 francs 74 centimes.

(*État actuel de l'Algérie*, p. 16 et 17.)

(2)   *Précautions pour l'acclimatement.*

« Vêtements en laine, tenus proprement et séchés après la pluie ou l'humidité ; propreté indispensable ; ne jamais dormir en plein air. — Aliments de bonne qualité, légèrement toniques, substantiels et pris avec modération. Le thé et le café léger auront de bons effets ; pas d'excès alcooliques, ni d'indigestion ; l'eau des puits et citernes doit être filtrée. — Les passions vives, 'es émotions violentes, la fatigue, les veilles, doivent être évitées.

« L'intérieur des habitations des villages sera propre et légère-

la cherté de la main d'œuvre, les chances nombreuses de maladie (1), la nécessité d'une alimentation fortifiante et

ment chauffé pendant les nuits des saisons fraîches; les ouvertures, closes avant le crépuscule, ne seront rouvertes qu'après le lever du soleil. On évitera l'humidité et les effets des premières pluies. Les étages supérieurs seront seuls habités, si c'est possible.

« Le choix de l'emplacement pour l'habitation est de la plus haute importance. Les localités basses, souvent baignées par des eaux stagnantes, privées des vents frais de la mer, sont dangereuses à habiter, à cause des miasmes et de l'air humide qu'on y respire. Les hautes montagnes présentent beaucoup d'inconvénients: il y fait froid et il y règne des vents violents. Les collines verdoyantes, les points d'une certaine hauteur, tournés vers le nord, pas trop près du rivage, doivent être choisis. Il faudrait pouvoir suivre l'exemple des Arabes, qui, l'hiver, habitent les collines et les plaines, tandis qu'en été ils gagnent les endroits élevés. Les demeures doivent être vastes et aérées, avec des murs épais en pierre, peu susceptibles de s'imbiber d'humidité. Avec de la chaux hydraulique, du ciment romain, des pilotis injectés, on atténuera l'état d'un terrain trop humide pour les fondations. L'exposition sera au nord et au midi. On n'habitera pas des maisons nouvellement construites. Les parquets cirés sont les meilleurs; pas de dallage en pierre; des nattes ou des tapis sur les carreaux de faïence. Chambres à coucher vastes; plusieurs personnes ne doivent pas dormir dans la même chambre; les portes et fenêtres doivent être fermées avant le coucher du soleil. Il ne faut habiter ni au rez-de-chaussée, ni au grenier. Les caves sont très-nécessaires. Corridors et escaliers bien aérés; grande propreté. Les latrines ne s'ouvriront ni sur l'escalier, ni près de la cuisine. Éloigner les habitations les unes des autres; éloigner les fumiers et les immondices. Ne pas coucher dans les étables. Les baraques sont très-mauvaises, ainsi que les tentes et les gourbis arabes. »

(Hygiène de l'Algérie, par le docteur Marit, professeur à l'École de médecine d'Alger. — 1864.)

(1) *Salubrité.*

« Le Tell de l'Algérie comprend des plaines basses renommées pour leur fertilité; malheureusement ce sont les points les plus insalubres. La faiblesse et l'anémie, par l'excès de chaleur, outre l'insalubrité de l'atmosphère, sont trop souvent le partage des habitants des vallées. Les plaines sont généralement marécageuses,

variée, les soins multipliés qu'exige l'hygiène, les intempéries si brusques et quelquefois si terribles du climat (1),

à en juger par le teint flétri des colons. Elles sont arrosées par des cours d'eau qui usurpent, pendant six mois, le nom de rivières, et ne sont jamais navigables, à l'exception de quelques-uns à leur embouchure, à cause du desséchement trop rapide des sources destinées à les alimenter. En été, leur lit est à peine humecté par un faible courant. En hiver, l'éboulement des berges sous la violence du courant détermine des inondations, ou le rétrécissement du lit par les débris amène des débordements. La nature argileuse du sol empêche l'infiltration et produit des marais. Sur les hauteurs, la terre est légère et le sol aride.

« Presque toutes les plaines et les vallées, d'une terre grasse, molle et ductile, présentent des conditions favorables à la formation des marais. Funestes effets des eaux stagnantes : fièvres rémittentes, intermittentes, pernicieuses, dyssenterie, choléra, pendant juillet, août et septembre; affaiblissement des facultés, perturbation de l'économie. L'insalubrité est un obstacle à la colonisation, car le peuplement véritable se fait par la propagation de l'espèce, et non par l'immigration.

« La chaleur extrême a des effets bien fâcheux ; souvent on est pris de délire et frappé de congestion cérébrale. Elle développe aussi des ophthalmies très-graves. Les mois de juillet, août et septembre, prédisposent aux affections cutanées, aux maladies du tube digestif et de l'encéphale, à cause de la fluxion ou de la langueur dont ces organes sont le siége.

« Il faut éviter les fortes chaleurs, les variations brusques de température et l'impression du froid lorsque le corps est en sueur. Il faut, de toute nécessité, ne consacrer au travail que les heures les moins chaudes. On ne négligera ni les bains, ni les affusions d'eau fraîche.

« La grande lumière, dont la puissance augmente avec la température, a pour effet de surexciter l'organe de la vue, d'impressionner fortement le cerveau ; de là, des lésions nombreuses : ophthalmies, amauroses, congestions cérébrales. Les campagnards sont sujets à des rougeurs inflammatoires de la peau. L'action d'un soleil trop intense fait courir des dangers à l'encéphale. »

(Hygiène de l'Algérie, par le docteur Marit.)

(1)   *Température.*

« Le sirocco, qui varie du S.-S.-E. au S.-S.-O., est un air brûlant qui agit sur toutes les constitutions. Les sanguins sont exposés

l'absence de voies de communication et de travaux publics agricoles, l'éloignement des marchés, le manque d'institutions de crédit, et l'on se convaincra que, sous l'empire du libre échange, c'est un rêve de poursuivre la colonisation de l'Algérie comme au jour de la prohibition et de l'occupation restreinte.

VI

On ne créera pas la prospérité de l'Algérie en y naturalisant, à grands frais et sans certitude de succès, des végétaux exotiques (1). Il faut demander au sol ses productions

aux congestions; on est sans énergie, sans force, anxieux, somnolent et très-irritable; il frappe d'un coup mortel la plupart des hommes affaiblis. Son règne est de mai en octobre. Malheur à ceux qui se livrent à de longues marches ou à de rudes travaux! Les nuits, sans sommeil, sont privées de toute fraîcheur. Il donne lieu à la lassitude et à la céphalalgie. Il est particulièrement insupportable en septembre et en octobre. Il règne deux ou trois jours, et quelquefois plus longtemps. Il faut rentrer chez soi et garder le repos.

« Qu'importe au cultivateur et au soldat de savoir qu'il y a à l'ombre 30 degrés, quand il est exposé, une partie de la journée, à une température de 45, de 50 degrés et même plus? La chaleur est étouffante dans les plaines basses et encaissées. Entre le matin et le milieu du jour, les écarts de dix degrés ne sont pas rares. Sur le littoral, le maximum est de 30 à 32 degrés; dans l'intérieur, sur les plateaux, de 38 degrés; dans les plaines, de 45 degrés; dans le Sahara, de 50 degrés. On a vu le thermomètre, dans la Metidja, à 55 degrés au soleil, et à 18 degrés la nuit du même jour. »

(*Hygiène de l'Algérie*, par le docteur MARIT.)

(1) « Pour moi, dès que j'ai eu mis le pied sur la terre d'Afrique, deux idées principales m'ont dominé, et après douze ans d'études

naturelles, celles qui, par leur qualité et par leur prix de vente, peuvent figurer avantageusement sur les marchés français et sur ceux des nations avec lesquelles nous sommes liés par des traités de commerce. Ce sont d'abord les céréales, l'huile, la laine ; puis le lin, les plantes textiles ; enfin certaines qualités de vin et de tabac, et peut-être la soie lorsque l'expérience aura prononcé. La production et l'élevage des chevaux et des bestiaux est aussi un des attributs naturels de l'Algérie. Un second principe découle nécessairement du premier : c'est l'obligation de maintenir le travail dans les conditions de bon marché les plus favorables, et d'utiliser les bras indigènes qui, depuis des siècles, remuent cette terre. L'inexpérience des nouveaux arrivés est un inconvénient certainement plus

assidues, je ne trouve rien de meilleur, dans mes convictions, sur les moyens de peupler cette terre et d'en obtenir d'abord d'abondants produits. Pour tirer de ce sol une grande richesse, il est inutile, à l'origine, d'y implanter, à grands frais et risques, des végétaux étrangers ; il suffit de lui demander ce qu'il a produit de tout temps et pour ainsi dire spontanément.

« Il donne des céréales de première valeur, la soie, le lin, la laine, le coton peut-être, l'huile et le tabac, et tous les fruits qui entrent comme un élément considérable dans le grand commerce ; enfin les vins, dont les qualités ne sont plus contestées. Ne demandons pas davantage pour les premiers temps. Bien des nations sont opulentes qui n'ont pas de pareils trésors.

« La seconde pensée qui m'a saisi, c'est que, si on peut assurer la prospérité de l'Algérie au moyen des végétaux qui lui sont propres, on ne peut assurer leur culture qu'au moyen des hommes qui l'habitent, en les éclairant, en les dirigeant, en les associant aux races européennes.

« L'Arabe est d'une intelligence rare ; il a de la dignité, et aspire conséquemment à une haute civilisation ; il est pasteur ; il est propre à certaines cultures ; il est commerçant habile : il peut donc rendre de grands services.

« Le Kabyle sédentaire, pratiquant l'horticulture avec amour,

fâcheux que l'imperfection de la vieille routine des indigènes. S'ils produisent peu, ils produisent à bon marché.
D'ailleurs, il sera moins difficile de réformer progressivement les procédés du pays que de transplanter tout d'une
pièce des cultures étrangères au climat et à la population.

L'état de l'agriculture chez les indigènes se rapporte à
des causes diverses et complexes. Il faut tenir compte, en
premier lieu, des conditions politiques dans lesquelles ils
vivaient : défaut de sécurité ; peu de temps à donner aux
travaux, afin d'être toujours prêts à fuir l'oppression du
gouvernement, ou à résister aux attaques des voisins, ou à
tirer vengeance des injures reçues ; organisation sociale
d'après le régime patriarcal, qui laisse peu de latitude au

démascleur émérite, ouvrier incomparable pour ces contrées, a
déjà prouvé qu'il viendra de grand cœur prendre part à nos travaux.

« Mais on a peu de souci des résultats que pourrait amener l'association de pareils éléments avec les pionniers de la civilisation
européenne.

. . . .

. . . .

« On colonise une terre déserte, un pays dont on veut refouler
la population, ou dont, à la honte de l'humanité, on projette d'exterminer les habitants ; on colonise une contrée à laquelle on veut
demander des produits qui exigent des travailleurs tout à fait spéciaux. Mais ici une population nombreuse est répandue sur toute
la surface du pays ; des races distinctes, pourvues d'aptitudes
précieuses, sont disposées à entreprendre toutes les cultures ; le
sol donne naturellement les plus riches éléments d'échange. Que
parle-t-on donc de coloniser l'Algérie et d'y appeler des émigrants
de toutes les parties du monde, pour y constituer une race subor-
donnée à l'intelligence européenne ? Cette race couvre le sol ; il ne
faut que l'utiliser. »

(Discours de M. Lestiboudois, conseiller d'État, Président du Conseil général
de Constantine, à l'ouverture de la session de 1861.)

progrès et au développement de la richesse. En second lieu, ils étaient dominés par la nature physique du sol, par le manque d'eau et de bois, dans de vastes plaines ouvertes aux vents brûlants du sud, exposées à des sécheresses presque périodiques et aux invasions de sauterelles ; enfin les nécessités de la vie nomade ne permettaient pas de tirer parti des engrais, ni de se livrer à un travail intensif (1).

Ces conditions ont été changées par l'établissement de notre domination. Nous avons commencé par faire régner partout la sécurité, l'ordre public et la confiance au lendemain, indispensables au travail. La force et la justice de notre gouvernement, laissant chacun jouir en paix des fruits de son labeur, poussent au développement des cultures et à la fixité des habitations. Ce résultat est déjà manifeste. Quant aux conditions physiques, nous tendons chaque jour à les modifier par la conservation des forêts, par le reboisement des montagnes, par l'aménagement des eaux, par les barrages, les travaux de canalisation et d'irrigation, les puits artésiens, par l'ouverture des chemins, par l'établissement des ponts, qui rendent les marchés accessibles en toutes saisons. L'apaisement des discussions in-

---

(1) « Le caractère général de la propriété, dans les villes, était individuel ; dans les tribus, il était collectif.

« C'est la grande culture et l'éducation des bestiaux que le sol et le climat de l'Algérie favorisent le plus généralement ; l'une et l'autre exigent des déplacements continuels, car il faut, dans certains moments, fuir des lieux malsains, inondés ou desséchés, qui, dans d'autres moments, sont très-productifs et très-habitables. Les conditions hygiéniques pourront s'améliorer avec le temps et par d'immenses travaux, de même que notre conquête a amélioré les conditions politiques ; mais jusque-là la nature des choses sera difficile, sinon impossible, à changer d'une manière générale. »

(ENFANTIN, De la colonisation de l'Algérie)

testines entre les tribus a permis de les initier aux bienfaits de la mutualité pour résister aux fléaux et aux désastres imprévus.

Des esprits superficiels, en voyant le fâcheux état de l'a-
griculture indigène dans ces plaines brûlées, accusent la
barbarie des habitants. Cette qualification n'est pas justi-
fiée. Les agriculteurs français les plus compétents établis
depuis longtemps en Algérie rendent à l'intelligence agricole des indigènes une justice plus impartiale. N'avons-
nous pas entendu confesser qu'après avoir fait pour l'en-
semencement l'essai des qualités diverses des céréales, on
avait reconnu le blé dur des indigènes comme donnant les
meilleurs résultats? Le même aveu a été fait pour le maïs,
pour les fèves; nous pouvons ajouter pour le tabac aussi,
puisque les plants indigènes sont d'une qualité incontestablement supérieure et se vendent à un prix beaucoup
plus élevé. En présence des capricieuses péripéties du climat, les cultivateurs sagaces se demandent si l'indigène,
labourant légèrement de grands espaces, n'est pas mieux
avisé que l'Européen, qui concentre ses efforts sur un point
limité, jouant, chaque année, une partie de ruine ou de succès avec la sécheresse, les pluies torrentielles, la grêle, les
brouillards du matin et le vent du désert. Si l'on examinait
la situation agricole avec attention, peut-être découvrirait-
on que les faits donnent souvent raison à ce que nous ap-
pelons la routine indigène contre la science exotique. Il
n'y a rien d'universel ni d'absolu en fait d'expérience.

Les personnes qui ont exploré les parties montagneuses
du pays ont pu constater que la culture, protégée par la
sécurité, était aussi avancée que dans la moyenne de nos
départements français. Les montagnards tirent le meilleur
parti des eaux, du fumier même. La propriété est très-divi-

sée, complantée d'arbres fruitiers et close par des murs en pierre sèche ou par des haies. La population, plus dense et fixée au sol, a fait appel à l'industrie pour parfaire les ressources trop faibles de la culture. La Kabylie du Djurjura ne mesure que 63 ares de terre à chacun de ses habitants, et le Tell de l'Algérie (14 millions d'hectares y compris les montagnes, lacs et rivières) est aussi peuplé que la moyenne des 57 départements français les moins populeux. On a relevé récemment que, sur deux millions cinq cent mille charrues qui labourent en France, seize cent mille (plus des 3/5ᵉˢ) ne sont encore que l'araire sans roues, peu supérieur à la charrue employée par les Arabes. Il y a lieu d'espérer que nos tentatives en faveur de l'amélioration de l'agriculture indigène seront couronnées de succès. Il sera plus praticable de perfectionner la main-d'œuvre algérienne, en la maintenant à bon marché, que d'introduire des cultivateurs étrangers en les faisant vivre dans de bonnes conditions de production.

En résumé, le vrai paysan de l'Algérie, l'ouvrier agricole, la base la plus rationnelle et la plus solide de la propriété, c'est l'indigène.

VII

Est-ce à dire que nous répudiions le concours de la colonisation européenne pour développer l'avenir de l'Algérie? Loin de là. La France n'est pas un État socialiste et communiste; elle ne veut pas plus de la conquête normande que de la civilisation à la façon des Espagnols au Mexique ou des Jésuites au Paraguay. La civilisation ne se répand que par la paix et le travail. D'autre part, dans une société fondée sur la liberté et l'égalité, c'est la réunion des efforts de tous qui détermine la marche en avant. L'État n'absorbe pas la nation; il ne fait qu'avec la coopération de l'ensemble des forces sociales. En ce qui concerne l'Algérie, elle sera civilisée et fécondée par l'action simultanée et sympathique de l'intelligence, du bon vouloir et des capitaux des Français. L'État ne doit intervenir que pour montrer la voie, adoucir les frottements, maintenir entre les deux races des relations bienveillantes; il doit refuser de protéger, par des sacrifices inutiles, les intérêts égarés hors de la justice et des traditions nationales.

Sans entrer dans la réglementation des affaires privées, l'État peut étudier les combinaisons les plus heureuses, pour que les Européens établis en Algérie aident à la civilisation et à la prospérité générale. Il peut donner pour mission à ses agents de propager les résultats d'expériences sincères; il doit, par de bonnes mesures administratives, débarrasser le travail de toute entrave. Mais son devoir est de résister aux sollicitations qui réclament des libéralités ou des immunités exceptionnelles dans une voie contraire à l'intérêt public. On demande trop souvent au gouvernement des secours et des subventions, comme si ses ressources avaient une autre origine que l'impôt, payé par tous et appartenant à tous. L'État n'a pas des obligations spéciales d'assistance envers telle ou telle classe de citoyens. L'égalité, que nous invoquons lors de la répartition des charges, ne doit-elle pas présider aussi à la répartition des dépenses inscrites au budget?

De l'exposé qui précède plusieurs vérités semblent ressortir avec un grand caractère d'évidence.

1º Les indigènes ont, vis-à-vis de nous, des droits en même temps que des devoirs ; ils ont leur place, sinon encore dans notre famille civile, du moins dans notre nationalité politique ;

2º C'est une nécessité économique de ne demander au sol de l'Algérie que ses productions naturelles ;

3º Avant de poursuivre l'introduction et l'emploi de bras étrangers, il faut utiliser le travail des indigènes : ils sont présents sur le champ de production, ils sont acclimatés, ils travaillent ;

4º Quand on prononce le mot de civilisation, il faut entendre d'abord le perfectionnement moral des hommes, puis les améliorations matérielles. Or, la base de tout perfectionnement moral, c'est l'instruction ; elle vaut à l'égal du pain quotidien, car sans elle il n'est pas possible de compter sur le lendemain.

Les conséquences pratiques de ces idées sont faciles à déduire. Nous allons les indiquer rapidement :

Sur le premier point, le statut personnel des indigènes tel que nous l'avons défini nous permet de leur appliquer progressivement notre droit civil et nos institutions politiques, dans la forme et dans la mesure que nous croirons le plus utiles à nos intérêts et aux leurs. La concession que nous avons faite en leur conservant un statut personnel spécial n'a pas été l'objet d'un contrat synallagmatique ; elle n'a, par le fait, qu'une valeur de transition ; mais le progrès loyalement accompli et accepté peut seul dégager notre parole. Les régnicoles algériens resteront provisoirement sous un gouvernement paternel, qui est essentiellement dans le goût traditionnel des peuples orientaux et musulmans. Ils arriveront, après une transformation successive, à un gouvernement garanti par une constitution.

Cette forme politique suppose un développement complet du sentiment de la responsabilité et de l'initiative individuelle, caractère propre aux sociétés modernes. Ainsi, le pouvoir qui les régira sera exceptionnellement fort et exceptionnellement bienveillant. L'autorité politique sera partout concentrée entre les mains de fonctionnaires français ; elle sera plus préventive que répressive, parce que cette population est ignorante et défiante. La question des circonstances atténuantes doit toujours être posée, lorsque la liberté et l'instruction n'ont pas éclairé les consciences. Même en abandonnant aux indigènes la gestion de leurs intérêts communaux, on les gardera sous la tutelle directe de l'État, de manière à ne pas laisser à l'esprit de résistance et de rancune le municipalisme pour refuge.

Il ne serait pas prudent de renoncer trop tôt au concours de l'aristocratie indigène pour commander les régions où nous ne pouvons agir directement. Il n'y aurait aucun avantage, ni pour la paix, ni pour l'ordre public, ni pour la civilisation, à décapiter la société indigène, en enlevant aux plus instruits, aux plus nobles, aux plus riches, les moyens de se rattacher honorablement à notre gouvernement. Les privilégiés, condamnés par la conscience publique, abdiquent eux-mêmes dans la mémorable nuit du 4 août, à Paris, tandis qu'en Vendée, où la lumière ne s'est pas encore faite, les classes déshéritées prennent les armes et meurent pour le maintien des privilèges. Ne soyons donc pas trop pressés d'appliquer aux indigènes algériens le niveau de notre égalité démocratique. Avec eux aussi il vaudra mieux faire disparaître les inégalités en élevant ceux qui sont relativement plus bas qu'en abattant d'un seul coup toutes les sommités sociales. D'ailleurs, frapper ceux

que l'opinion n'a pas encore condamnés, c'est préparer des
chefs pour les agitations et pour les troubles (1).

Nous avons revendiqué pour les régnicoles indigènes
l'égalité avec les Français du continent, les subordonnant
seulement à la France, être collectif représenté par l'État.
Pour traduire ces distinctions dans l'ordre des faits, l'autorité française devra se faire sentir moins aux individus
qu'aux masses ; la civilisation convertira les individus. Ce
but pourra être atteint si l'on ne détruit pas trop brusque-
ment leur organisation par tribu, et si on ne les dissémine
pas trop vite dans les communes françaises, où ils seraient
livrés à l'exploitation des immigrants.

Sur le second point, concernant le développement des
productions naturelles, il suffira d'accorder aux cultures
indigènes les primes que l'on distribue pour l'introduction
des plantes tropicales. Les tentatives pour l'amélioration
de la race ovine doivent être généralisées; il faut continuer
avec persévérance ce qu'on a commencé pour la race chevaline ; les résultats obtenus, comparés à ceux qu'ont
donnés les cultures exotiques, prouvent aux plus prévenus
où est la bonne voie. L'exportation des bestiaux prend,
tous les jours, une importance plus grande. En vue de
bonifier la qualité des laines, près d'un million de moutons
ont été visités, triés et classés dans le seul territoire militaire de la province d'Alger. Les cisailles ont été, sur
beaucoup de points, substituées à la faucille pour la
tonte. Un écueil est à éviter en ce qui touche l'élève des

(1) « L'aristocratie arabe est essentiellement nationale. Le noble
est toujours le parent du prolétaire, qui ne le reconnaît pour son
chef qu'en vertu du droit d'aînesse, et parce que le type primitif
semble moins altéré chez le noble. »

(D'Escayrac de Lauture. Le Désert et le Soudan. P. 331.)

bestiaux : on se presse trop de resserrer les populations indigènes ; on risque, en réduisant les terrains de parcours, de nuire considérablement aux troupeaux. C'est là un des inconvénients du cantonnement des tribus auquel on ne songe pas assez. Quant aux progrès de la race chevaline, malgré les pertes énormes d'une longue guerre, plus de quinze régiments de cavalerie légère sont aujourd'hui montés sur des chevaux barbes, par suite des mesures de conservation et de régénération qui ont été adoptées. La désagrégation générale des tribus et leur cantonnement dans de petites propriétés individuelles ruineraient d'une manière irrémédiable la race des chevaux algériens.

Sur le troisième point, nous avons dit que l'indigène est le vrai paysan de l'Algérie. L'expérience a prononcé, et il faut fermer les yeux à la lumière pour ne pas le reconnaître. En effet, il suffit de rappeler les difficultés de l'acclimatement pour les immigrants ; les influences morbides des lieux et des saisons ; l'impossibilité pour les Européens de soutenir longtemps un travail intensif ; la nécessité de modifier les pratiques étrangères, que le sol et le climat repoussent ; enfin les embarras que l'État éprouve à assurer aux Français les institutions de la mère patrie. Avec les indigènes, on peut se borner à améliorer, en mesurant à chaque jour sa tâche ; avec les immigrants, c'est une obligation de tout créer à nouveau et à la fois. Les sommes employées à implanter l'agriculture européenne par des bras européens produiraient des résultats bien plus considérables si on les appliquait à développer et à perfectionner l'agriculture indigène.

Faut-il, par opposition, montrer le paysan algérien, habitué à lutter contre le climat et à le vaincre ; sobre, jusqu'à dominer la faim elle-même; ayant réduit ses besoins au delà du possible; ne pratiquant que le travail de fantaisie, pour obéir sans doute aux nécessités du climat, mais produisant à bon marché; ne sachant pas l'utilité des routes, des ponts et des travaux publics; pouvant les attendre pendant une génération encore, tandis que, pour les immigrants, tous ces travaux sont une question de vie ou de mort, puisqu'ils ne peuvent réussir que si le sol a été approprié à leurs procédés et à leurs habitudes agricoles? Malgré les efforts tenaces de l'administration, aussi bien sous le régime de l'occupation restreinte qu'après la conquête étendue, à peine a-t-on pu installer en Algérie quelques milliers d'agriculteurs. Encore n'oserions-nous garantir ni le chiffre ni la qualité réelle des individus que les statistiques officielles donnent pour des cultivateurs. Devant cette répugnance de la population européenne à venir en Algérie, force a été aux propriétaires qui ne pouvaient labourer eux-mêmes de recourir aux paysans indigènes. Ceux qui l'ont fait avec intelligence,—et ils sont déjà nombreux dans les trois provinces, — s'en sont bien trouvés (1).

Sur le quatrième point, relatif à la civilisation du sol et

(1) « Les Khammas indigènes sont précieux pour l'agriculture algérienne. Si le travail qu'elle en tire laisse à désirer, au moins est-il économique et en harmonie avec ses besoins et la situation qui lui est faite.

« Par les indigènes, la main-d'œuvre est toujours à portée dans les moments critiques; sans eux, la colonisation, la prise de possession du sol, serait chose impossible. L'immigration européenne, laissée à ses propres forces, languirait dans une stérile impuissance. Les indigènes aident donc volontairement et providentiellement à l'installation des conquérants sur les terres conquises. »

(Bulletin de la chambre d'agriculture de Constantine, déjà cité.)

de ses habitants, le programme n'est pas long à tracer. Les progrès moraux à faire accomplir aux indigènes devront appeler d'abord notre sollicitude. L'économie politique enseigne que la production a sa raison et son mobile dans le besoin; mais on ne donne aux masses travailleuses de nouveaux besoins que par une éducation supérieure. C'est donc à l'intelligence et au cœur qu'il faut s'adresser. Les premiers efforts doivent porter sur le développement et le perfectionnement de l'instruction publique. L'école est le foyer où l'enfant se transforme en homme. Faut-il pour cela abandonner les hommes mûrs à leur malheureuse destinée? Bien au contraire. Pour eux, l'école (car on apprend à tout âge) sera le chantier du travail. En résumé, action sur les enfants par les écoles primaires, sur les adultes par l'enseignement professionnel, sur les hommes par les établissements modèles et par les leçons du travail libre. Énoncer ces idées, c'est indiquer que l'État ne peut remplir seul cette mission de civilisation. Le concours d'une population déjà civilisée est indispensable. Reste à déterminer la nature du concours. Nous y reviendrons bientôt.

Une éducation supérieure développe des besoins nouveaux, et détermine un accroissement de travail et de production. L'État peut faciliter ce mouvement par d'autres moyens : il peut, par de grands travaux publics, civiliser la terre, la rendre accessible au travail perfectionné, et augmenter sa fertilité. Les voies de communications, les barrages, le dessèchement des marais, les canaux, les puits, les reboisements, l'amélioration des ports, de larges institutions de crédit, un bon système de douanes, sont des instruments puissants pour favoriser la prospérité. Sur ce terrain, l'État aura besoin du concours des capitaux

privés. Cette intervention des forces individuelles est nécessaire non-seulement pour l'exécution, par l'entreprise,
des grands travaux publics, mais surtout pour les établissements industriels qui traiteront sur place les matières
premières fournies par le pays. L'État ne fait pas, il fait
faire.

VIII

La colonisation doit prendre un caractère nouveau.
L'immigrant ne viendra plus disputer à l'indigène des par-
celles de terre pour en former de petites propriétés individuelles, où il végète entre la misère et la maladie. Le pays
conservera les grands traits de sa vie de production ; il ne
rompra pas avec ses traditions agricoles et pastorales. Le
progrès aura le passé pour souche ; il se nommera *amélioration*, et non *innovation*. Quant aux immigrants, ils feront
de la colonisation commerciale et industrielle. A eux
appartiendra l'exploitation des forêts, où abondent les bois
d'œuvre, de construction et d'ébénisterie, les madriers, les
poutres, les mâts de navires, les merrains, les traverses de
chemins de fer ; à eux les chênes liéges, les oliviers et les
nombreuses industries qui s'y rattachent : conserves, tour-
teaux, huiles, savons, etc. ; les marbres et les albâtres ; les
mines de plomb argentifère, de cuivre, de fer, de zinc, d'antimoine ; les minoteries et les amidonneries ; la salaison des
viandes, le tannage des peaux ; le tissage des laines, la
fabrication des draps grossiers, dits de troupe ; la culture
des plantes textiles, oléagineuses, tinctoriales, et leur ex-

ploitation industrielle. Nous n'énumérons pas toutes les ressources, nous n'indiquons que les principales.

La France fournira l'intelligence qui organise et qui dirige, le capital, les contre-maîtres, les moniteurs de l'atelier; les ouvriers seront indigènes. On a évalué à la somme de 200 millions de francs les salaires annuels qu'entraînerait la mise en valeur de toutes les richesses naturelles de l'Algérie (1). Le travail de direction et de surveillance peut seul être exigé des immigrants européens; il donnera aux individus qui l'exerceront une occupation et une activité favorables à leur santé (ce sont les expressions textuelles de la Société d'agriculture d'Alger). Il établira moralement, par le fait vivant, la vraie supériorité du métropolitain sur le régnicole indigène, sans blesser l'égalité politique et sans fausser nos mœurs sociales.

L'indigène sera paysan, ouvrier agricole ou industriel, selon son aptitude. Nous savons déjà que les montagnards kabyles ou berbères fourniront au recrutement de l'atelier de la grande industrie; ils sont, en outre, arboriculteurs, jardiniers, maraîchers, agriculteurs, etc. Les Berbères de

---

(1) « L'exploitation de tous les agents naturels du pays entraînerait un travail dont la rétribution annuelle s'élèverait à 200 millions au moins. Deux cents millions de salaires impliquent un million d'habitants industriels.

« Peuplez d'abord vos champs, dit-on; mais il y a vingt-cinq ans que l'administration s'efforce à ce labeur impossible. Elle a énergiquement poursuivi sa volonté et consacré des millions à son accomplissement. Elle n'a implanté dans nos campagnes que la misère, que des colons voués par avance à la ruine, parce que ni l'énergie, ni la volonté, ni le zèle, ni l'amour du bien, ni les millions, ne peuvent renverser cette simple loi économique : à côté du producteur, il faut le consommateur; et, plus le nombre des producteurs est grand, plus grande est leur misère quand la consommation fait défaut. »

(Séance du Conseil général de Constantine du 10 décembre 1888.)

la plaine et des contrées ouvertes donneront le paysan, et sans doute aussi le prolétaire des manufactures. Quant à l'Arabe, il sera employé à l'élevage des chevaux et des moutons, à la transhumance des troupeaux, aux échanges avec le sud et avec l'intérieur de l'Afrique, où les caravanes de chameaux seront longtemps encore le seul moyen de transport et de communication.

Mais, hâtons-nous de le répéter, pour que l'œuvre de régénération soit possible, il ne faut pas, par des mesures brutales, révolutionner la société indigène, rompre le faisceau qui, la tenant unie, nous permet de la gouverner et de l'administrer. Les bases en quelque sorte officielles de cette société sont : une aristocratie militaire, une aristocratie religieuse, et au-dessous d'elles les lettrés. Chez nos indigènes, le mot aristocratie n'a pas la même portée ni la même signification qu'en Europe : le fond de l'organisation sociale musulmane est la démocratie; le sentiment élevé de la dignité humaine, qui est le propre du caractère de ces races, fait qu'elles acceptent et respectent les inégalités de rang et de fortune comme une classification mondaine, si l'on peut ainsi dire, qui n'a rien d'exclusif ni d'humiliant pour aucun individu. La roue tourne, dit le proverbe arabe, les uns sont en haut, les autres en bas; le monde est un jour pour nous, un jour contre nous. Si nous tentions de déposséder les classes supérieures de l'influence qui est leur apanage et de la considération dont elles sont entourées, nous commettrions une faute. Cette influence et cette considération ne se retireraient pas d'elles du jour au lendemain; elles s'en serviraient pour ameuter contre nous ceux-là mêmes que nous voudrions affranchir. Toute société est susceptible de se laisser entraîner au fanatisme de la conservation lorsqu'elle est surprise par des secousses violentes (1).

Une autre considération conseille de maintenir, au moins pour un temps, l'organisation sociale des groupes indigènes. L'action de la civilisation se fera sentir plus aisément sur les groupes constitués par l'intermédiaire de leurs chefs que sur des individus isolés mis en contact immédiat avec les autorités et les institutions françaises. Les chefs et les classes parasites vivent, nous ne l'ignorons pas, aux dépens de la population ; ils absorberont sans doute une large part des avantages dont notre administration dotera le pays. Cette prélibation abandonnée aux chefs est dans les habitudes du pays ; elle sera toujours moins lourde que par le passé et ne pourra pas être de longue durée. Nous développerons la vie municipale de manière à restreindre insensiblement l'action de l'aristocratie, qui tombera alors, non pas parce que nous l'aurons frappée, mais parce que ses appuis naturels l'auront délaissée. L'évolution étant accomplie par la masse entière, la civilisation descendra du faîte social jusqu'aux dernières couches, du groupe à l'individu. A ce moment, l'indigène sera prêt pour prendre tous les droits et toutes les charges du citoyen français.

(1) « Ce n'est pas toujours en allant de mal en pis que l'on tombe en révolution. Il arrive le plus souvent qu'un peuple qui avait supporté, sans se plaindre et comme s'il ne les sentait pas, les lois les plus accablantes, les rejette violemment dès que le poids s'en allège. »

(DE TOCQUEVILLE, *Monarchie française*.)

IX

Nous venons de rechercher, *a priori*, les principes qui amèneront la solution des difficultés en présence desquelles nous nous trouvons. Nous voudrions corroborer les considérations qui précèdent par un témoignage *a posteriori*. Interrogeons le passé sans parti pris de louange ni de blâme. Il ne s'agit plus d'expériences, de prévisions, ni de miroitements ; la parole est aux faits.

La France possède l'Algérie depuis trente-deux ans. Elle y a dépensé, en moyenne, soixante millions par année, c'est-à-dire la somme énorme d'un milliard neuf cent vingt millions de francs. On a évalué la perte en hommes jusqu'à 25,000 par an ; prenons seulement le chiffre annuel de 15,000, c'est 480,000 âmes pour la période de trente-deux années. L'armée a supporté d'abord la grosse part de cet holocauste, pour lequel la guerre frappait moins de victimes que la maladie ; mais depuis qu'on a amélioré l'installation du casernement et des hôpitaux militaires, c'est la population civile qui paye à la mort le tribut le plus considérable. Enfin, la guerre, qui a duré depuis 1830 jusqu'à la fin de 1847, a fait périr dans la population indigène plus de 500,000 âmes. Quant aux pertes matérielles causées par les ravages de la guerre, on ne peut pas les faire monter à moins de deux milliards de francs. Ce chiffre n'a rien d'exagéré, si l'on songe au nombre de bestiaux, de grains, d'ustensiles de toutes sortes, aux récoltes pendantes, aux arbres fruitiers, aux maisons, qui ont été détruits pendant une lutte de dix-huit années. Ainsi, deux milliards de francs dépensés par la France, un demi-million d'hommes sacrifiés ; du côté des indigènes, deux milliards de perte et 500,000 hommes disparus : voilà le passif effrayant devant lequel la conscience s'arrête attristée. Voyons l'actif.

La population indigène est évaluée à 3 millions d'âmes, en tenant compte des difficultés d'un recensement exact. Elle a payé, depuis la fin de la guerre (1848), une moyenne annuelle de 12 millions de francs comme impôt, soit 180 millions. Pour les dix-sept années antérieures, on sera près de la vérité en prenant pour total général des contributions de toutes sortes le chiffre de 80 millions de francs.

C'est, pour l'ensemble, une somme de 260 millions de francs versée par les indigènes dans le trésor français. Nous nous trompons, car une partie des impôts indigènes a toujours été retenue pour les besoins locaux et abandonnée soit aux provinces, soit aux communes. Ce prélèvement est allé sans cesse en grossissant : il était d'abord d'un dixième des recettes annuelles, il est aujourd'hui de cinq dixièmes. Le produit des douanes et autres revenus doit être compté, en moyenne, pour la période de 32 ans, à raison de 3 millions de francs par an : c'est, de ce chef, 96 millions. La balance n'est pas en faveur de la France : d'une part, 1,920 millions ont été dépensés ; de l'autre, le le trésor a reçu environ 350 millions. Si quelqu'un a fait ses affaires en Algérie, ce n'est pas l'État. Mais, réplique-t-on, la France, qui est assez riche pour payer sa gloire, est encore assez riche pour faire la fortune de ses colons. Quand les Français s'enrichissent, la France ne s'appauvrit pas. Poursuivons cet examen sommaire.

La superficie de l'Algérie, du littoral jusqu'au Sahara, et de Tunis au Maroc, est estimée à 60 millions d'hectares, occupés par 3 millions d'indigènes (1). Posons en regard le chiffre de la population européenne. Le dernier recensement quinquennal, opéré en 1861, accuse 192,746 Européens, dont 112,229 Français. Avec la population en bloc, le total atteint environ 200,000 âmes. L'effectif de l'armée est de 63,000 hommes, y compris 10,000 soldats indigènes, tirailleurs algériens (turcos) et spahis. L'État a concédé approximativement 200,000 hectares de terres domaniales aux immigrants ; les transactions privées ont fait passer entre des mains européennes à peu près 100,000 hectares de terres appartenant, à titre individuel, aux indigènes, et situées en général près des villes. Le lot européen se compose donc de 300,000 hectares sur le papier ; mais, si l'on interroge les faits, on constate que plus du tiers des hectares concédés a été revendu aux indigènes ; ceux-ci occupent un second tiers comme locataires ou comme fermiers (2). Nous sommes certainement au des-

(1) « L'étendue des côtes algériennes dépasse 1,000 kilomètres (250 lieues), et ses autres limites en ont une de 1,600 kilomètres (400 lieues), ce qui donne un périmètre de 2,600 kilomètres (650 lieues).

« La superficie, l'étendue de la surface que cette double ligne enveloppe, est d'environ 60 millions d'hectares, c'est-à-dire qu'elle est égale à celle de la France, plus un huitième environ.

« Quant à l'étendue respective de nos deux grandes divisions naturelles, elle a :

« Pour le Tell, 14 millions d'hectares ;

« Pour le Sahara, 46 millions d'hectares. »

(O. MAC CARTHY, *Géographie de l'Algérie*, p. 67 et 68.)

(2) On cite, entre Bone et Guelma, dans la province de Constantine, un village presque entier, terres de culture et maisons d'habitation, qui a été acheté aux colons par un riche capitaliste français.

Aux environs de Sétif, on avait à peine terminé l'attribution

sous de la vérité dans l'évaluation de cette rétrocession des terres faite par les Européens aux indigènes. Nous négligeons de relever la quantité d'hectares qui restent sans culture entre les mains des concessionnaires ou des propriétaires. De ce côté, on le voit, le résultat obtenu n'est pas plus en proportion avec les efforts et les dépenses de l'État. Notons, incidemment, que les immigrants ne payent point d'impôt foncier; que la loi du recrutement ne leur est pas appliquée; que les taxes pour l'enregistrement et le timbre sont réduites de moitié; que la contribution des patentes est aussi plus légère qu'en France.

Si nous consultons le tableau des exportations de l'Algérie, nous reconnaissons que la plus forte part appartient aux indigènes. Dans le chiffre total de 49,094,120 francs pour l'année 1861, on trouve : 8,485,040 francs pour les céréales ; 4,767,505 francs pour les laines en masse ; 6,407,493 francs pour les tabacs frais et fabriqués (tous ne sont pas produits par le pays); 2,653,370 francs pour les bêtes bovines ; 2,673,605 francs pour les peaux brutes, etc., etc. Les indigènes fournissent seuls la laine, les bestiaux. Quant aux céréales, ils cultivent plus de 5 millions d'hectares, qui sont une source importante pour l'exportation. La part des immigrants figure dans les tabacs frais et fabriqués et dans les matières minérales, évalués à 2,128,884 francs. En ce qui concerne les produits végé-

---

des lots d'un nouveau village en formation, que toutes les concessions étaient déjà vendues aux indigènes.

Auprès du caravansérail des Issers, un spéculateur a acheté des concessionnaires environ mille hectares, et les a revendus avec cent pour cent de bénéfice à un chef indigène.

Nous ne citons que les faits les plus marquants; on pourrait multiplier les exemples dans les trois provinces.

taux, ils en sont encore aux cultures privilégiées dont l'État achète les récoltes ; le coton ne compte que pour 445,702 francs. Les primes n'ont pu donner une existence sérieuse à la sériciculture ni aux nopaleries pour la cochenille. Depuis quelques années, on a planté beaucoup de vignes qui annoncent des produits estimés ; mais ce ne sont encore que des espérances au point de vue économique. Il faut prendre note des millions de ceps de vigne récemment plantés par les indigènes ; ce sera un précieux élément pour l'industrie européenne. Les indigènes récolteront les raisins, et les immigrants fabriqueront le vin.

A l'importation, le commerce a atteint, en 1861, une valeur officielle de 11,660,093 francs. La balance n'est pas à l'avantage de l'Algérie. Nous relevons dans le tableau les articles suivants ; tissus de coton, 21,347,901 francs ; tissus de laine, 5,411,367 francs ; tissus de soie, 4,395,405 francs ; sucres bruts et raffinés, 5,837,827 francs ; vins, 8,066,269 francs ; alcools, 2,288,571 francs ; peaux ouvrées, 4,338,189 francs ; les huiles figurent pour 1,914,848 francs, et les tabacs pour 1,445,789 francs. L'armée tient le rang principal dans le tableau de la consommation ; les fonctionnaires civils, les employés, et autres clients du budget, ont aussi une place notable. Où voit-on, dans ces chiffres, le progrès et la vie commerciale ? Si l'on partageait le montant des importations et des exportations, environ 165 millions, entre Marseille, le Havre, Cette et Toulon, on trouverait à peine de quoi alimenter l'activité de quelques armateurs et de quelques manufacturiers.

Les exploitations forestières se débattent encore dans les difficultés coûteuses de leurs débuts ; mais le capital se sent ici sur un terrain solide ; les demandeurs en concessions promettent de consacrer à leurs travaux plus de 25 millions de francs; 101,684 hectares ont déjà été concédés (1). Les mines de fer, dont le minerai a été justement vanté, ne sont pas arrivées à une exploitation régulière ; mais il suffira d'une impulsion vigoureuse pour tout mettre en train. Les mines de cuivre ont été la cause de plusieurs désastres financiers, sans lasser les bailleurs de fonds ; celles de plomb argentifère sont en pleine voie de prospérité (2). Les Européens commencent à s'occuper de l'éducation des bestiaux et du commerce des chevaux, mais ils ne sont, le plus souvent, que les intermédiaires entre les étrangers et les indigènes. Quelques usines ont été construites : minoteries, moulins à huile, fabriques de papier

(1)　　　　　*Bois et forêts.*

« Les principaux massifs reconnus en Algérie couvrent :

« Dans la province d'Alger . . . . . 260,000 hectares.
　　« Id.　　　d'Oran . . . . . 450,805　id.
　　« Id.　　　de Constantine . 1,091,000　id.

　　　　　« Ensemble . . . 1,801,805 hectares.

« Les essences dominantes sont: le chêne-liége, le cèdre, l'orme, le frêne, le thuya, le chêne à glands doux, le chêne zéen, le genévrier, le lentisque, le pin d'Alep et l'olivier.

« Les concessions définitives et provisoires de forêts de chênes-liége portaient, au 1er janvier 1862, sur une superficie de 101,684 hectares, et il restait à concéder dans les trois provinces 223,274 hectares environ.

« Sur les concessions déjà faites, des travaux de démasclage, de constructions de maisons, de routes, de sentiers muletiers, de débroussaillement, etc., ont été exécutés; leur valeur n'est pas moindre de 4 millions de francs. »

　　　　　　　(*État actuel de l'Algérie*, 1862. P. 30 et suiv.)

(2)　　　　　*Mines et carrières.*

« Les richesses minéralogiques de l'Algérie sont remarquables à plus d'un titre. Il est avéré que le fer, le cuivre, le mercure et le plomb abondent dans les trois provinces. Quinze mines ont été concédées, et leur superficie embrasse 30,576 hectares. Ce sont

et de crin végétal. Une filature de laine avait été établie à Constantine, elle a été incendiée ; l'administration n'a pas voulu venir en aide pour sa réédification.

Si l'on étudie attentivement le caractère de la population européenne en Algérie, on ne tarde pas à reconnaître que la fièvre de la spéculation est un de ses traits principaux. On citerait difficilement, dans les trois provinces de l'Algérie, quelques fortunes dont la spéculation ne soit pas la source. Le commerce des immigrants se réduit à la satisfaction des besoins de l'armée et des fonctionnaires, à quelques opérations sur les céréales et sur les laines. Le marché de consommation des indigènes appartient presque exclusivement aux israélites. On se plaint, à Alger même,

des cuivres gris et pyriteux, du fer, du plomb argentifère, du zinc, du mercure et de l'antimoine. Quatre mines sont seulement en exploitation : 1° celle de fer des Karéza, aux environs de Bone ; 2° celle de plomb de Kef-oum-el-Theboul, auprès de La Calle ; celle de plomb mêlé de cuivre de Ghar-Rouban, sur la frontière du Maroc ; 4° de Ras-el-Melah, de sulfure de mercure, dans la province de Constantine.

« L'Algérie est également riche en substances minérales non métalliques. On y trouve partout en abondance : de la pierre de taille, du moellon, du plâtre, de la pierre à chaux, de la terre à briques et de l'argile de poterie.

« Les grès secondaires qui s'étendent au sud de Bone renferment des gisements de meulières comparables à celles de Franconie. On trouve sur la route de Dellys à Alger des gisements considérables de pierres lithographiques.

« On cite parmi les marbres les plus remarquables les marbres gris veinés de rouge des environs du cap Matifou ; les brèches de la montagne de Chenoua ; les marbres du fort Génois ; ceux du Filfila, qui rivalisent avec les marbres de Carrare ; les marbres d'Aïn-Ouinkel (province d'Oran), veinés de rose et de rouge acajou ; enfin l'albâtre translucide des environs de Tlemcen.

« Il existe, en outre, plusieurs mines de sel gemme, des lacs salés, des marais salins et des sources salines. »

(Etat actuel de l'Algérie, 1862. P. 28 et suiv.)

d'être obligé de faire appel aux négociants détaillants pour composer la chambre et le tribunal de commerce. Les bonnes affaires qui ont été réalisées consistaient en fournitures pour l'armée et en spéculations sur les terrains urbains. Si quelques-uns se sont enrichis dans cet agiotage, le plus grand nombre n'y a recueilli que la ruine et la misère.

Parmi les détenteurs de terres concédées par l'État, ou achetées aux indigènes, combien n'ont qu'une position de spéculateurs! Pendant la guerre, les indigènes vendaient leurs propriétés aux immigrants, soit pour quitter l'Algérie, soit dans l'espoir de les récupérer pour rien au moment où nous serions chassés du pays. Depuis la paix, les choses sont toutes contraires: ce sont les indigènes qui achètent les terres que le domaine met en vente, ou les concessions faites aux immigrants (1). Le découragement a changé de camp. Nous avons déjà indiqué que le tiers des concessions avait été vendu aux indigènes, avant toute tentative de culture; un second tiers, loué aux indigènes, n'attend que des acquéreurs pour être aliéné. Quand on entend, dans les villes, réclamer des terres pour la colonisation, quand on sollicite à grands cris le cantonnement des tribus, cela ne signifie pas autre chose que l'espoir de

(1) Des terres ont été vendues par le domaine, aux enchères publiques, le 24 octobre 1861, à Blidah. Il s'agissait de la création d'un village au lieu dit *Attatba*. Sur une cinquantaine de lots mis en vente, les indigènes ont été déclarés adjudicataires de dix-sept lots. Ceci se passait dans une contrée où la population européenne domine de beaucoup.

Dans le mois de novembre de la même année, 8,000 hectares de terres situées dans le bassin de l'Oued-bou-Merzouk furent mis en vente à Constantine. Là encore les indigènes disputèrent vivement les enchères, bien qu'il s'agît de terrains enclavés au milieu de la population européenne.

voir s'ouvrir une vaste spéculation sur les biens ruraux. Le nombre est petit, bien petit, de ceux qui demandent des terres pour les mettre directement en valeur. Tous ces projets, toutes ces concupiscences, pèchent en un point : les spéculateurs manquent de capitaux. Ils sollicitent avec fracas l'administration de mettre des terres en vente, et, comme l'argent leur fait défaut, ils s'indignent de ce que les indigènes, poussant l'enchère, leur enlèvent l'objet de leur convoitise.

Les capitalistes de France ont fait, en majeure partie, les frais de la première spéculation sur les immeubles; ils sont naturellement peu disposés à recommencer l'épreuve sur les terres de culture. Jouer pour jouer, on aime mieux porter son argent à la Bourse des valeurs mobilières, où les émotions sont plus vives et les péripéties plus rapides. Cependant on a vu, dans la province de Constantine notamment, deux ou trois européens suivre l'exemple des indigènes, et acheter aux colons leurs petites concessions, pour en former de grandes propriétés. Une dernière chance reste encore aux martyrs de la spéculation : ils voudraient que l'État donnât ou vendît à bon marché aux immigrants des terres que les indigènes rachèteraient à un prix plus élevé. Nous ne pensons pas que l'administration veuille patronner de pareilles manœuvres. Ces procédés sont plus propres à bouleverser la société indigène qu'à faciliter le développement de la colonisation. On voit les garanties que l'ordre public perdra; on ne sait pas ce que les immigrants gagneront.

X

Si tel est, en effet, le bilan de la France en Algérie, n'y a-t-il pas lieu de chercher des voies nouvelles?

Les résultats que nous venons de voir s'évanouir à mesure que nous les analysions concernent seulement la colonisation. La démonstration est péremptoire, nous le croyons, pour renverser les sophismes de ceux qui cherchent, en Algérie, l'intérêt de la France à travers les opérations des spéculateurs et l'implantation de petits propriétaires européens. Mais nous savons déjà que l'honneur français a d'autres devoirs vis-à-vis des indigènes; l'intérêt national peut avoir aussi d'autres compensations. C'est ce que nous allons approfondir.

Le profit que la France a tiré de l'Algérie a un caractère social et militaire. Au point de vue de la société, est-il nécessaire de rappeler que ce sont les généraux de l'armée d'Afrique qui, en 1848, ont sauvé la France des plus terribles éventualités? Depuis le moment où ces hommes, façonnés à l'action par la lutte contre les indigènes, ont abordé la scène politique, avec des noms auxquels la gloire avait donné une notoriété dans la patrie, ils ont montré à l'Europe des caractères hors ligne. Qu'on les blâme ou qu'on les loue, on doit reconnaître parmi eux des types remarquables d'audace, de résolution, d'entrain, de droiture et de loyauté. On les a vus, sous des drapeaux divers, jouant des rôles souvent très-opposés, mais toujours en relief; tour à tour, selon les circonstances, hommes de guerre, diplomates, administrateurs, hommes d'État, orateurs. La fortune a pu choisir dans leurs rangs ses favoris les plus comblés ; le malheur y a trouvé aussi les amis les plus fidèles. Ils sont arrivés jeunes, nouveaux, dans toute leur vigueur, au milieu d'un personnel politique déjà essoufflé, amoindri par l'intrigue, usé dans les mesquineries de luttes impuissantes. Ils personnifiaient en eux le génie brillant, actif et fécond, de la France.

Loin de nous la pensée de dénationaliser tant d'hommes illustres, pour couronner l'Algérie de leurs mérites et de leurs services. Ils sont bien tous Français, et du meilleur sang ; ils étaient en plein dans le courant des aspirations et des sentiments patriotiques. Mais il est incontestable que ces caractères n'ont pu atteindre leur épanouissement qu'en Algérie. Le milieu dans lequel ils ont vécu, la nature de l'œuvre qu'ils ont accomplie, l'influence immédiate ou latente du climat et des adversaires qu'ils ont combattus, les difficultés qu'ils ont eu à vaincre pour faire la conquête des tribus, la nécessité d'administrer un peuple fier et belliqueux, qui obéissait en conservant ses armes : voilà ce qui a formé ces brillants généraux. Ils sont les enfants de l'Algérie par le travail, par l'éducation pratique, par l'expérience quotidienne. Lorsque, croyant les décrier, on les a nommés *les généraux numides*, on a rendu justice, sans le vouloir, à leur glorieux passé. Nous n'écrivons pas l'histoire, nous n'avons pas à apprécier. Nous nous bornons à constater, et nous proclamons que, dans la crise de 1848, l'Algérie a payé la France, par un service considérable, du sang et des trésors que la conquête avait coûtés.

Malgré l'évidence de ce grand intérêt français, satisfait par l'Algérie, nous ne nous dissimulons pas que les regrets et les rancunes des partis peuvent faire des réserves plus ou moins subtiles. Mais les circonstances ont, bientôt après, manifesté d'une manière plus victorieuse l'utilité de la possession de l'Algérie. Nous voulons parler de la guerre de Crimée en 1854, et de la guerre d'Italie en 1859. Les faits sont tellement éloquents, qu'il suffit de les articuler. En 1848, l'état-major de l'armée revendiqua pour l'Algérie une part de la reconnaissance nationale; dans les dernières guerres, nous avons eu l'épiphanie (qu'on nous passe ce terme) de nos soldats. Le noble cœur de la France a tressailli au récit des exploits de ses intrépides zouaves et de ses bataillons de ligne. On a raconté d'abord l'héroïsme et le dévouement inébranlable des troupes de l'armée d'Afrique; mais, parmi nos braves soldats, les bons exemples sont contagieux, et après quelques combats, on n'a plus distingué entre le conscrit de la métropole et le vétéran des bandes algériennes.

Bien plus, au grand étonnement de tous, une place parmi les plus vaillants a été prise par les tirailleurs indigènes. Ils ont illustré nos drapeaux, pour leur part, à Magenta, à Solférino, comme à Inkermann et sous les murs de Sébastopol. La lutte contre les indigènes avait donné à nos soldats cette solidité et cet élan qui ont pour base le développement énergique de l'individualité. En servant dans nos rangs, les indigènes ont acquis, de leur côté, le sentiment de la solidarité militaire que le maréchal Bugeaud appelait pittoresquement *le sens des coudes*, et dont il faisait le sixième sens pour le soldat; ils ont acquis aussi la bravoure disciplinée sous des chefs audacieux et fermes.

Nos troupes avaient combattu dans les montagnes et dans les plaines de l'Algérie, non des armées constituées, mais des cavaliers d'une mobilité extrême, répandus en tirailleurs, des fantassins ne se présentant jamais en lignes organisées, mais embusqués derrière les broussailles, guérillas de la foi et de l'indépendance. L'instruction militaire, les manœuvres, n'avaient plus que le second rang; avant tout, il fallait l'intelligence vive et prompte, l'initiative instantanée dans toutes les situations, la vigueur personnelle, la rapidité des résolutions, l'habitude de la sobriété, des fatigues et des privations, l'esprit fertile en ressources pour toutes les éventualités de la vie de bivouac pendant des campagnes prolongées. Le capitaine avait souvent à déployer les aptitudes d'un colonel; la section, guidée par un sergent, remplissait la mission d'une compagnie; la simple escouade, qui n'avait eu jusque-là que des services pacifiques de police, devenait une unité guerrière, avec laquelle l'ennemi a dû compter plus d'une fois.

L'armée d'Algérie a fourni la meilleure preuve de l'importance de la guerre contre les tribus, en amenant auprès d'elle, sur les champs de bataille européens, les indigènes qu'elle avait vaincus, puis disciplinés. Le courage et le dévouement de ces tirailleurs amis ont montré quels ennemis ils avaient été. Si la guerre éclate en Europe, nous serons obligés d'immobiliser en Algérie une partie de nos troupes métropolitaines; mais on appellera dans les armées actives ces régiments indigènes, avant-garde redoutable pour éclairer nos mouvements. C'est une compensation qui a sa valeur.

Chez les chefs aussi bien que chez les soldats de l'armée d'Afrique, l'esprit militaire s'est transformé. La démocratisation, si l'on peut ainsi dire, de l'armée, a été plus profonde que jamais par l'émancipation des individualités. Les troupes n'ont pas été appelées seulement à combattre : elles sont devenues un instrument de production actif et intelligent pour l'administration du pays, pour l'exécution des travaux publics. En même temps qu'elles représentaient la gloire de la France, elles attestaient aussi son génie bienveillant et généreux. Qu'il y a loin de ces types d'officiers généraux formés par l'Algérie aux vieilles figures de reîtres des temps féodaux, aux soldats croisés du moyen âge, aux officiers grands seigneurs de la monarchie, aux brillants capitaines de l'épopée impériale! Ils sont tout ce que leurs pères ont été, et ils ont dans leur bravoure, dans leurs sentiments, quelque chose de plus, quelque chose de nouveau, qui est comme un reflet de la nouvelle civilisation. On sent que l'armée sort des entrailles même du peuple, qu'elle est la nation portant ses armes, sans abdiquer aucune de ses vertus sociales. Nous invoquerions, au besoin, le témoignage des hommes politiques de 1848. Ils ne cachaient pas leur étonnement en présence de ces *généraux numides*, qui s'élevaient à la hauteur de toutes les situations, et faisaient preuve des aptitudes les plus diverses. C'était le fruit de la guerre contre les tribus; c'était aussi l'expérience acquise en administrant les indigènes et les immigrants.

Ces résultats matériels et moraux sont d'une importance capitale. Voilà des faits qui frappent un chef d'empire et lui révèlent l'utilité de l'annexion de l'Algérie; voilà un intérêt général, national, qui vaut d'avoir été payé par des sacrifices d'argent et d'hommes. L'histoire enregistrera ces preuves de l'influence exercée par l'Algérie sur les destinées de la France.

Compléterons-nous l'argument en recherchant si l'Algérie nous a valu quelque avantage de l'ordre civil? Hélas! nous ne trouverions rien, ni un principe, ni une idée, ni un homme, ni un procédé administratif, dont on puisse lui rapporter l'honneur. L'agriculture ne nous a donné aucun produit nouveau quelque peu important. Trente ans de domination ne nous ont rien appris, pas même, chose étrange, en matière de colonisation. S'il y a eu enseignement, ce n'est que dans le sens d'une humiliante négation. Nous aurions pu fonder un ordre de choses *sui generis*, et nous n'avons su que copier nos plus vieux errements, sans chercher même une solution économique nouvelle, alors pourtant que les théories du libre-échange, du crédit, de l'association, étaient soumises, en Europe, à une ardente élaboration, et marchaient rapidement vers la pratique. En somme, jamais terrain plus fécond ne produisit récolte plus nulle. Triste *avoir*, en vérité, que celui de l'ordre civil.

XI

Il nous reste à résumer cette étude et à consigner les conséquences pratiques déduites des principes et des faits que nous avons exposés.

L'Algérie a été déclarée terre française, aussi bien vis-à-vis des puissances étrangères que par rapport à notre constitution.

Les habitants indigènes sont des régnicoles. Leur adoption par la France, en face du droit international, est complète ; ils ne sont pas plus étrangers sur la terre d'Algérie, sur le sol français, qu'au delà de nos frontières. Pourtant ils ne sont pas citoyens français ; ils ne sont nos égaux ni devant les Codes civils, qu'ils n'ont pas acceptés, ni en vertu de droits politiques, qu'ils sont inhabiles à exercer. Cette inégalité légale et juridique ne les constitue pas, cependant, dans une position d'infériorité à notre égard pouvant se traduire dans les faits. L'inégalité, avons-nous dit, n'est pas plus possible contre nous qu'à notre avantage. La tutelle à remplir envers les indigènes est un droit et un devoir de l'État ; les individus français n'ont pas à s'en prévaloir.

Dans son discours prononcé à Alger, l'Empereur a répudié le droit de conquête du moyen âge, qui était une expropriation territoriale et un châtiment contre le peuple vaincu tout entier ; il a déclaré que nous étions appelés à racheter, par la civilisation, les indigènes algériens de leur organisation sociale, si défectueuse en tous points.

Nous avons défini ainsi qu'il suit le statut personnel des régnicoles indigènes : ils ne sont plus des sujets de la Porte ottomane, ils n'ont plus d'autonomie propre ; ils sont des clients et des pupilles de la France, qu'elle veut émanciper et améliorer pour les recevoir dans sa famille civile. L'inégalité entre eux et les Français n'est que théorique et passive ; elle ne peut ni les rabaisser, ni les faire sacrifier. En Algérie, les intérêts de la France dominent tous les intérêts, qu'il s'agisse d'un étranger, d'un indigène ou d'un Français. Mais l'intérêt collectif des indigènes ne doit pas être subordonné aux intérêts privés des étrangers ni du Français. Le régnicole est plus près de nous que le sujet d'une nation étrangère.

Nous avons ensuite essayé de déterminer quels étaient les vrais intérêts de la France en Algérie. Nous avons placé en première ligne la domination politique, qui se prouve par le maintien de l'ordre public, par le prélèvement des impôts, par un concours effectif en forces militaires, enfin, plus sommairement, par tout ce qui peut accroître le prestige, l'honneur et les richesses de la patrie.

Comment l'Algérie contribuera-t-elle à la prospérité de la France ? On a vu jusqu'ici la satisfaction de l'intérêt national dans le développement d'une colonisation agricole européenne. Cette colonisation était, à l'origine, exclusive des indigènes, qu'elle constituait en nation indépendante, hors de nos limites. Plus tard, lorsque l'occupation fut généralisée, sans changer de système, on voulut forcer le chiffre de la population européenne, afin de neutraliser les indigènes, et l'on tendit à exercer, sur une vaste échelle, une sorte d'expropriation matérielle et morale du peuple vaincu. On ne lui enlevait pas seulement ses terres, on voulait effacer jusqu'à ses mœurs.

Nous avons établi que la colonisation agricole était devenue un double anachronisme : en premier lieu, par suite de l'extension de la conquête ; en second lieu, par l'adoption, en France, de la liberté commerciale. La conclusion obligatoire pour cette situation modifiée conduit à la *civilisation des indigènes*. On aura plus d'avantages à améliorer les productions naturelles du pays qu'à introduire des végétaux et des cultures exotiques. Le paysan indigène est préférable au cultivateur européen, qui n'est pas dans de bonnes conditions pour produire à bon marché et pour vivre dignement et sainement en travaillant.

Cependant le concours européen est indispensable pour l'œuvre de civilisation. Outre la haute direction de l'État, il faut le contact avec les immigrants et la multiplicité des relations individuelles. Si nous réclamons, pour un temps, le maintien des groupes indigènes, sur lesquels s'exercera l'action du gouvernement et de l'administration, nous ne voulons pas élever, pour cela, des barrières infranchissables entre les deux races. La rédemption des indigènes s'effectuera par une réunion d'efforts et sera la résultante de plusieurs forces. Comptons au premier rang l'instruc-

tion publique pour les enfants : c'est l'œuvre de l'État;
puis l'enseignement professionnel; puis les institutions de
crédit, qui placent l'instrument à la portée des travailleurs.
Ce sera toujours l'État qui agira plus ou moins directement.
Vient enfin la part des individus dans la régénération des
indigènes, par la leçon du travail libre, par l'exemple vivant de chaque jour.

On a reconnu que le principal chantier de l'initiative in-
diduelle ne peut être la colonisation agricole. Nous aurons,
dans l'origine, plus à apprendre des indigènes qu'à leur
enseigner. La colonisation industrielle est, au contraire, le
terrain solide et fécond des immigrants : ils savent, et les
indigènes ignorent; ils peuvent, et l'absence d'instruction
spéciale et de capitaux rend les indigènes impuissants.
Le Français n'arrive plus en qualité de prolétaire; il est di-
recteur, contre-maître, moniteur. Dans cette première période, nous apportons l'intelligence et le capital; l'indigène
fournit la main-d'œuvre et les matières premières. Plus
tard, les sept ou huit cent millions d'espèces monnayées,
enfouis dit-on, et cachés en Algérie, sortiront de terre et
viendront relayer les capitaux européens. L'agriculture ne
restera pas en dehors de ce mouvement industriel qui embrasse les grandes entreprises de cultures riches , les ber-
geries modèles, les haras, la transformation des produits
naturels, les moyens de transport, enfin les instruments
perfectionnés et les applications de la vapeur et des arts
chimiques.

Au lieu de disputer aux indigènes, dans des conditions
économiques déplorables, les bases mêmes de leur existence, au lieu de mettre en péril l'ordre social, qui nous
aide à gouverner, les immigrants mettront au service de
l'Algérie, sans y causer aucun ébranlement, leur activité et
leur intelligence, avec la certitude du succès. Ils s'enri-

chiront sans appauvrir les indigènes, sans les gêner. Ils
contribueront, au contraire, à augmenter le bien-être général. La satisfaction des deux intérêts indigène et européen créera la véritable prospérité publique, dont l'effet
se fera sentir jusqu'en France.

Il faut, pour cela, abandonner, le plus promptement possible, le système qui fait l'État entrepreneur de colonisation,
constructeur de villes et de villages, professeur de cultures
tropicales, acheteur de coton à perte, redresseur des torts de
la fortune et de l'incapacité, créateur de la misère par des
libéralités intempestives et par des conseils souvent en
dehors de toute sage prévoyance. Il faut reporter sur les
établissements industriels les encouragements attribués
aux cultures factices. Le Conseil général de la province
de Constantine est entré dans cette voie en votant, dans
sa session de 1861, une subvention de 10,000 francs pour
la construction d'une usine destinée au rouissage du lin.
Il ne s'agit pas de recommencer purement et simplement,
pour l'industrie, ce qu'on a fait pour la colonisation agricole. Nous ne voulons pas que l'on tombe dans l'exagération de protection et d'immixtion que nous venons de signaler. L'État doit faire faire, disions-nous, il ne doit pas faire
lui-même.

Nous avons tracé le programme du travail des deux races : aux immigrants, la colonisation industrielle; aux indigènes, la colonisation agricole. La civilisation viendra
en aide à ceux-ci, en temps opportun, pour la création des
marchés, des voies de communication, des barrages, des
canaux d'irrigation ; elle leur enseignera l'utilité des co-
mices agricoles, des concours et des expositions, pour faire
progresser l'exploitation de la terre. Il y aura toujours
sans doute des immigrants qui s'adonneront à l'agriculture ; le terrain conquis près du littoral et dans le rayon

rapproché des villes (1) ne sera pas abandonné par eux ; soit comme journaliers, soit comme colons partiaires, les indigènes conserveront un rôle dans cette zone, qui sera leur véritable école normale de culture. Mais cela ne fera pas mentir la grande division du travail que nous avons signalée : l'industrie aux immigrants, la culture aux indigènes.

Ces considérations, justifiées par les principes et par les faits, ne peuvent avoir que des conséquences favorables à l'intérêt français en Algérie. Il n'est pas plus question de fonder un empire indigène avec une autonomie distincte que de refouler ou d'exterminer la population, pour donner ses terres aux immigrants. Provisoirement, l'organisation sociale des indigènes est à maintenir, parce qu'on ne doit pas compromettre l'ordre public par un nivellement prématuré, que nous ne pourrions surveiller efficacement ; parce que la forme actuelle nous garantit l'impôt et le service militaire, et qu'en ces matières, tout changement débute par une perturbation toujours regrettable ; parce qu'en abolissant les nobles, habitués à commander, les lettrés, en possession de l'influence, on arrache les masses à leurs plus chères traditions ; parce qu'enfin la civilisation aura plus de prise sur des groupes constitués que

(1) « Une expérience de vingt années semble avoir démontré que, dans la province de Constantine, le cultivateur européen ne saurait subsister en dehors de la région de l'olivier et de la vigne, laquelle occupe, le long du littoral, une bande de quatre à cinq myriamètres de largeur. Les concessions faites en dehors de cette zone ont donné le triste spectacle d'un honteux gaspillage de la fortune publique en constructions et en plantations destinées seulement à apparaître un jour, dans l'unique but de servir au libellé d'un titre, et n'ont abouti qu'à enrichir l'obsession et la faveur. »

(M. DE LANNOY, ingénieur en chef à Constantine.)

sur des familles éparpillées et livrées aux suggestions d'un individualisme désordonné. N'oublions pas que nous sommes en présence, non d'un peuple chrétien arrivé au niveau de la civilisation européenne, mais devant des populations musulmanes qui ont perdu jusqu'au souvenir de leur ancienne civilisation, pour ne garder que les mœurs et les tendances patriarcales. La France elle-même aurait-elle pu passer, sans transition, de son état social au XIIIᵉ siècle à sa constitution nationale actuelle?

D'autre part, nous ne fermons pas l'accès de l'Algérie à une population adventice (on devrait cependant rédiger au plus tôt une loi de naturalisation pour les étrangers, aussi large que possible). Nous ne faisons pas non plus de l'agriculture un monopole pour les indigènes. Il s'agit seulement de signaler à la France et à l'Europe qu'on favorisera la colonisation industrielle en Algérie. Il ne sera plus nécessaire d'appeler des flots d'immigrants, en faisant luire à leurs yeux la propriété territoriale comme un leurre. On sollicitera les capitaux et on pourra prédire sûrement au travail intelligent une rémunération convenable. On se plaint, en France, que les bras désertent le travail des champs, pour aller chercher dans l'atelier industriel un salaire plus élevé; on devrait donc comprendre que ces paysans, âpres à un gain immédiat, ne sont pas tentés par la promesse d'une propriété à créer sur un sol lointain et inconnu, à force de fatigues, de privations et de souffrances de toutes sortes.

Les relations entre les deux races deviendront faciles et fructueuses, puisque immigrants et indigènes ne seront plus placés en face les uns des autres sur le même terrain, comme des antagonistes. Faut-il ajouter que nous ne proposons pas de rétrograder, de revenir sur les faits accomplis, d'adopter des mesures révolutionnaires? Bien qu'on ait stationné longtemps dans le faux, la plaie ne peut pas être bien profonde. La liquidation de la colonisation agricole se fera d'elle-même, on peut même dire qu'elle se continuera sans qu'il soit besoin d'intervenir. Elle aboutira, d'une part, à l'agriculture industrielle, aux cultures maraîchères, au jardinage ; de l'autre, à la substitution progressive des indigènes aux immigrants sur les points excentriques. La liberté des transactions immobilières opérera l'évolution.

C'est un critère nouveau que nous proposons aux esprits méditatifs et aux administrateurs, pour l'étude et la solution de la question algérienne. Il faut sortir, à tout prix, de la vieille ornière de la colonisation agricole, où administrateurs et immigrants sont embourbés depuis plus de vingt ans. Nous avons cité les faits français qui commandent un changement de système ; nous pourrions invoquer aussi l'exemple de ce qui se pratique chez d'autres nations. En ce qui concerne le devoir, pour nous, de protéger les indigènes contre l'avidité et les préjugés des immigrants, il nous suffira de mentionner les efforts que l'Europe fait en Orient pour affranchir les chrétiens sujets de la Turquie. Le vice-roi d'Égypte, le bey de Tunis, se proposent de régénérer leurs peuples par la civilisation ; ils promulguent des constitutions ! Que ne suivons-nous les conseils que nous avons donnés à Constantinople, en Égypte, en Tunisie ? Nous les appliquerions, sans aucun doute, mieux en Algérie que nous n'avons pu les faire pratiquer ailleurs. Pour ce qui est relatif à l'intervention des immigrants dans la colonisation, on peut interroger l'attitude, très-intelligente, du gouvernement hollandais dans l'île de Java.

Les embarras qui nous arrêtent ont tous reçu, à Java, une solution : cantonnement des indigènes, constitution de la propriété individuelle, système d'impôt, mode d'administration, procédés envers l'aristocratie du pays, colonisation industrielle et commerciale, travaux publics, l'expérience a tout réglé. Faut-il confesser que, jusqu'à présent, nos discussions théoriques nous ont plus éloignés que rapprochés des résultats obtenus par la sagesse hollandaise? Nous trouvons résumé dans un ouvrage écrit par M. Money, fonctionnaire de l'Inde anglaise, le bilan du gouvernement néerlandais à Java. Quand la Hollande reprit possession de l'île en 1817, la population musulmane était de 6 millions d'âmes; les revenus, à peu près nuls, étaient bien au-dessous des dépenses. La population est aujourd'hui de onze millions d'âmes, et Java verse à La Haye l'excédant annuel de ses recettes, qui ne s'élève pas à moins de 75 millions de francs. Les immigrants ne sont pas au nombre de plus de 20,000. L'auteur spécifie bien que les monopoles commerciaux n'existent plus à Java, qu'il ne faut pas confondre avec Sumatra.

Nous ne conseillons pas une imitation servile de ce qui a été fait pour le salut de la colonie néerlandaise. Des différences profondes séparent les deux peuples conquérants, aussi bien que les deux races soumises. Les Hollandais ont été à Java des hommes d'affaires, la France veut implanter la civilisation en Algérie; Java est une colonie, l'ancienne régence devient une annexe de l'empire français. Quoique musulmans et d'un naturel opiniâtre et vindicatif, les Malais ne ressemblent ni aux Arabes, ni aux Berbères algériens. D'utiles enseignements sont à tirer cependant de ce qui a été fait à Java. Nous pensons qu'on peut les résumer de la manière suivante, et ce sera la véritable conclusion de notre travail :

1° Indépendance très-large laissée au pouvoir local, sous

la seule garantie du contrôle et de l'inspection, indispensables dans un gouvernement représentatif;

2° Sages ménagements envers l'état social des indigènes; offrir à ceux-ci les moyens de se rallier à nous, honorablement et avec profit;

3° Abandonner l'agriculture aux natifs, sauf à étudier les meilleures mesures pour les faire progresser;

4° Création de l'industrie par les immigrants, encouragements sérieux pour aider le développement industriel;

5° Enfin tirer des indigènes un concours militaire qui allége pour la France les charges de la conscription.

XII

Nous ne terminerons pas sans reproduire et réfuter l'argument favori des colonisateurs à outrance.

Est-il vrai que la foi religieuse des indigènes soit incompatible avec la civilisation? — Non, répondrons-nous hardiment. C'est faire preuve d'ignorance, c'est mentir à l'histoire, que de nier les aptitudes de l'Arabe. En Sicile, en Espagne, dans le midi de la France, en Afrique même, cette vigoureuse nationalité a montré, par des témoignages magnifiques, ce qu'elle peut dans la voie du progrès, quand rien ne gêne son développement intellectuel et moral. Faut-il rappeler le caractère si éminemment humain de sa conquête dans la péninsule ibérique, sa tolérance à l'égard des populations chrétiennes, son amour de l'étude et de la poésie, son intelligence des éléments fondamentaux de la prospérité matérielle des nations? N'est-ce pas dans les académies de l'Espagne mahométane, dans les riches et nombreuses bibliothèques fondées par les émirs et les

khalifes, que les docteurs de la chrétienté, les grands esprits de France et d'Italie, allaient s'initier aux mystères
de l'astronomie, aux principes des mathématiques et de
la médecine, aux secrets d'une nouvelle formule d'art,
aux doctrines philosophiques d'Aristote, aux subtilités de
la scolastique, aux procédés de l'agriculture rationnelle,
puiser, en un mot, la science universelle, dont la barbarie
de l'Europe catholique leur refusait le bienfait? Que le
Turc ait toujours et partout fait de la conquête un instrument de tyrannie, de spoliation et d'abrutissement, c'est
ce que personne ne peut contester; mais l'Arabe a mar-
qué ses invasions d'un tout autre cachet, et l'érudition
moderne lui a loyalement payé un tardif mais large tribut
de reconnaissance (1). Ce peuple, torturé, déprimé, rendu
méconnaissable par le despotisme écrasant des Turcs,
a-t-il perdu ses qualités natives? Que ceux qui connaissent
les Arabes de l'Algérie se chargent de répondre. *A priori*,
et alors même que la vive intelligence de ces vaincus, leur
vigueur morale, leurs précieuses aptitudes, ne seraient
pas connues de tous, on pourrait hardiment affirmer qu'une
nation qui, sans organisation, sans argent, mal armée, en
proie à des divisions intestines, a, pendant vingt ans, ré-
sisté à la première puissance militaire du monde, n'est
certes pas une nation dégénérée. L'Arabe s'est incliné sous
le joug ottoman, il ne s'est pas atrophié. Tel il était au
moyen âge, tel on le retrouvera quand un vainqueur généreux l'aura délivré de cette lèpre qui l'envahit : l'ignorance.
Qu'on cesse donc d'objecter qu'il est réfractaire à la civilisation, surtout quand le civilisateur, c'est la France.

---

(1) Voir les travaux de MM. Caussin de Perceval, Reinaud, Dozy,
Renan, Gayangos, Amari, Libri, Jourdain, Sédillot, Giraud de
Prangey, Viardot, l'abbé Bargès, Brosselard, etc.

Quant aux Kabyles, il faut reconnaître que les précédents sont tout autres. Mais pourquoi la France, avec son développement moral, intellectuel et matériel, ne serait-elle pas assez puissante pour faire subir aux races berbères une transformation analogue à celle que l'islamisme a pu opérer, en Afrique, dans le septième siècle de notre ère? Les Kabyles n'ont pas toujours été musulmans. Avant la conquête arabe, la population autochthone était en partie chrétienne orthodoxe, en partie chrétienne schismatique, en partie juive, en partie païenne, en grande majorité idolâtre. L'islamisme n'a pas douté de son pouvoir comme on doute aujourd'hui de la puissance de la civilisation; il a changé la face du pays, sans user de violence matérielle, sans convertir, quoi qu'on en ait dit, par des massacres. Il a réussi parce qu'il savait ce qu'il voulait, et que tous les musulmans, chefs et soldats, voulaient la même chose : le triomphe de la foi nouvelle.

Le but que nous poursuivons est moins difficile à atteindre. Nous ne cherchons pas une conversion religieuse qui froisse les consciences et provoque des convulsions sociales; nous demandons aux indigènes de se rallier à notre civilisation, qui les environnera et les tentera par des bienfaits de toutes sortes. Nous respectons la conscience, la famille, la propriété; nous ne voulons pas restreindre l'existence des Algériens, mais l'améliorer et l'agrandir. Nous pensons, en somme, qu'il doit être plus aisé de transformer les Berbères de l'Algérie en Français civilisés, qu'il n'a été facile aux Arabes de faire accepter l'islamisme par ces mêmes races.

A l'appui de ce raisonnement nous pourrions citer des faits qui sont de nature à déterminer une conviction à cet égard. La tâche a déjà été accomplie par M. George Voisin, dans son ouvrage intitulé *l'Algérie pour les Algériens.*

Nous y renvoyons le lecteur; il verra non seulement que le progrès est possible, mais qu'il a déjà reçu des applications fructueuses. Les résultats ne sont pas encore considérables, dira-t-on ; mais il ne faut pas oublier que les Français de l'Algérie n'ont pas conscience de la mission civilisatrice qu'ils ont à remplir, et que, jusqu'à ce jour, ils ont regardé les indigènes comme des vaincus à dépouiller et à comprimer, et non comme de nouveaux compatriotes à rattacher à la France. Si, malgré ces fâcheuses dispositions, on a pu faire quelques pas en avant, que ne peut-on pas espérer pour le jour où, gouvernement et population, tout le monde saura et voudra la même chose!

On dit aussi : les indigènes n'aiment pas notre civilisation, ils s'en éloignent au lieu de s'en rapprocher. Il faut s'entendre. Si la civilisation est une initiation, elle suppose deux termes : l'initiateur et l'initié. Pour que l'œuvre réussisse, ce n'est pas assez que l'initié soit disposé à écouter, il faut encore que l'initiateur soit prêt à enseigner. Ce n'est pas en injuriant sans cesse les indigènes dans leurs croyances, dans leur dignité, dans leurs habitudes, qu'on les disposera à recevoir notre civilisation. La première condition pour qu'ils nous écoutent et nous imitent, c'est que nous les aimions et les estimions; par là seulement ils prendront confiance en nous et nous feront des concessions. Pendant que quelques-uns s'écrient, avec une impardonnable légèreté : « les indigènes ne veulent pas de notre civilisation », d'autres personnes, frappées des traitements infligés aux vaincus, ont exprimé la crainte qu'user de procédés semblables, c'était annoncer que nous ne voulions pas civiliser. Il y a exagération des deux côtés. La vérité est que nous n'avons pas encore assez fait pour vaincre la légitime défiance des indigènes contre leurs conquérants, parce que personne n'a songé sérieusement à les civiliser. On attribue à Mohammed, le prophète des musulmans, un aphorisme bien connu : « Si la montagne ne veut pas venir à nous, allons à elle. » En fait de civilisation, ce conseil est bon à suivre. Que l'initiateur fasse les premiers pas ; qu'il fasse l'avance des dispositions bienveillantes, et qu'il renouvelle à plusieurs reprises ses tentatives, avant de proclamer qu'on ne veut ni l'accueillir ni l'entendre.

XIII

Nous avons dit, en commençant, que la conquête de l'Algérie avait posé une question de gouvernement et de civilisation. Un dernier mot achèvera d'expliquer notre pensée. Les grandes difficultés de ce gouvernement sont des problèmes d'économie politique : — division du travail entre les immigrants et les indigènes pour la création de la richesse ; — liberté du travail, se résolvant dans le libre classement des aptitudes de chaque race ; répartition des richesses, préparée et facilitée par l'impartiale distribution des instruments de travail, c'est-à-dire du crédit. Les questions sont les mêmes en France, en Europe, dans le monde entier, partout où la civilisation a éclairé les esprits et élargi les cœurs.

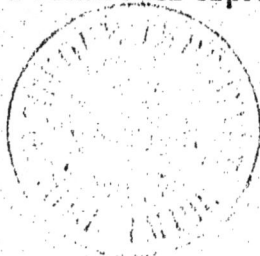

5344 — Paris, imp. Jouaust et fils, r. Saint-Honoré, 338